당신은
이기적인 게 아니라
독립적인 겁니다

조금 불편해도,
내 소신껏

최명기 지음

당신은
이기적인 게 아니라
독립적인 겁니다

알에이치코리아

들어가기 전에

인생의 주도권을
잃어버린 당신에게

- "그래도 가족이잖아" "가족끼리 챙기고 살아야지"라는 말만 들으면 숨이 막힌다.
- '돈이 많았으면 좋겠다' 싶다가도 매일 야근하며 파김치처럼 살 자신은 없다.
- 여럿이 다 함께 먹는 점심이 종종 부담스럽다.
- 때 되면 결혼해서 아이 낳고 오순도순 사는 게 정말 행복일까 의문이다.
- 영어 공부든 다이어트든 무언가 마음먹은 일들이 중도에 흐지

부지되곤 한다.
- 가끔은 혼자 있는 시간이 절실히 필요하다.
…

위의 글들을 보고 '이건 내 이야기인데…'라는 생각이 들진 않았나요? 그렇다면, 당신은 이기적인 게 아니라 독립적인 겁니다.

우리 사회는 누구나 당연하다고 말하는 기준들을 벗어나는 사람, 그중에서도 집단의 단결에 방해가 되는 것 같은 언동을 하는 사람들에게 '이기적'이라는 낙인을 찍곤 합니다. 그런 낙인이 찍힌 사람들은 '내가 그렇게 못되게 행동했나?'라고 생각하며 자괴감에 빠지기 일쑤죠. 하지만 정말 그럴까요?

세상 사람 모두가 정해진 기준에 맞춰 살아갈 수 있는 건 아닙니다. 남과 다르게, 나만의 기준을 가지고 살아가야 하는 사람도 있는 것입니다. 저는 이런 사람을 '독립적'이라고 말합니다.

독립적인 사람은 세상이 그려놓은 지도를 따라 걷다가도, '이 길은 내 길이 아닌 것 같은데…'란 생각을 막연하게 합니다. 그러나 막상 길에서 벗어나 나만의 길을 개척할 용기는 없습니다. 어쩔 수 없다며 계속 그 길을 걸어가지만, 시간이 지날수록 몸도 마음도 왠지 불편하기만 합니다. 그 불편함을 더는 견딜 수 없을 때, 그때가 바로 나만의 지도를 그리기 시작해야 하는 순간입니다.

이제, 세상이 만들어놓은 기준, 타인의 온갖 간섭과 지적, 나 자신을 속이는 내 안의 가짜감정과 가짜욕구로부터 자유로워지세요. 제가 여러분의 '나만의 길을 닦는 여정'에 함께하겠습니다.

당신의 눈부신 '자기 독립'을 응원하며,
최명기

들어가는 글

조금 불편해도,
내 소신껏

소확행(작지만 확실한 행복).

워라밸(일과 삶의 균형 Work and Life Balance).

요즘 어딜 가나 이 말들이 많이 들립니다. 성공을 목표로 삼고 남이 시키는 대로 죽어라 일하는 삶이, 꼭 행복으로 이어지지는 않기 때문입니다. 그런데 막상 그렇게 '기계 부품처럼 살지 않겠어!'라고 굳게 결심해도, 일상을 소확행이나 워라밸 모드로 전환하기는 쉽지 않습니다. 왜 그럴까요?

우리는 모두 돈이 인생의 전부가 되어선 안 된다는 것을 알고 있습니다. 하지만 돈의 힘은 강력합니다. 돈은 만질 수 있습니다. 숫자로 명확하게 드러나기도 하고요. 이에 반해 행복은 눈에 보이지 않습니다. 눈에 보이지 않는 가치를 위해 눈에 보이는 물질을 포기하기란 쉽지 않죠. 그렇다 보니, '이제 그만 열심히 하고, 행복하게 살아야지'라고 결심해도 막상 행동에 옮기기가 어려운 것입니다. 여기서 '돈'을 '체면'이나 '지위'로 바꾸어 살펴봐도 마찬가지입니다.

모름지기, 내 삶의 주인공이라면

20년도 더 전에 일본 작가 다카하시 겐이치로高橋源一郎의 《우아하고 감상적인 일본 야구優雅で鑑賞的な日本野球》라는 소설을 읽은 적이 있습니다. 어떻게 생각하면 참으로 황당한 줄거리였습니다.

일본에 한 프로야구팀이 있었습니다. 그 팀은 경기하는 족족 연승을 거두었습니다. 그런데 어느 때부터인가 아무리 투수가 잘못 던져도, 아무리 타자가 엉망으로 공을 쳐도 이기고 마는 황당한 게임이 이어졌습니다. 처음에는 다들 운이려니, 생각했습니다. 그런데 점점 선수들도 무언가 이상하다는 것을 깨달았습니다. 그래서 어떻게든 지기 위해 노력했지만, 아무리 노력해도 경기를 이기고 말았습니다.

　마침내, 선수들은 자신들이 '우아하고 감상적인 일본 야구'를 파괴하고 있다는 것을 깨닫게 되었습니다. 그래서 프로야구를 살리기 위해 프로야구팀의 모든 선수들이 은퇴를 하면서 팀을 해체했습니다.

　그 이후, 한때는 최고의 프로야구 선수였던 이가 정신병원을 전전하기도 하고, 포르노 배우가 되기도 하고, 복면 레슬러가 되기도 하고, 다시 초등학교에 들어가기도 하고, 지하철에서 자작시를 팔기도 하고, 성형 수술을 일곱 번이나 받기도 했습니다. 남들이 보기에는 그들 모두 몰락한 셈이죠. 하지만 그들은 '우아하고 감상적인 일본 야구'를 위한 순례를 하고 있었던 것입니다.

　신화에 관심 있는 분들은 이 이야기를 듣고 나서 '아서왕의 성배' 전설을 떠올리게 될 것입니다. 원래 아서왕의 전설은 다음과 같습니다.

　아서왕과 원탁의 기사들이 모여 있는데, 하루는 먼 곳에 위치한 왕국의 어부왕이 불치병에 걸렸다는 소식이 들려옵니다. 어부왕이 불치병에 시달리면, 결국 이 땅의 생명력은 모두 소진되고 맙니다. 어부왕을 살리려면 성배^{聖杯}가 필요합니다. 그래서 원탁의 기사들은 잃어버린 성배를 찾기 위한 모험에 나섭니다.

그리스 신화에서는 페르세우스를 비롯한 아르고스 호의 용사들이 모두 함께 모여 모험을 했지만, 이와 달리 원탁의 기사들은 각자 길을 떠나기로 결심합니다. 뭉쳐서 모험을 떠나는 것은 본인들 스스로가 비겁하다는 것을 인정하는 행동이라고 생각했기 때문입니다. 그들은 모험을 시작하면서, 각자 헤어집니다. 저명한 신화학자 조지프 캠벨Joseph Campbell은 원탁의 기사들이 온전히 혼자 힘으로 고행을 하는 것에 대해 혁명적이라고 평가합니다. 그들의 용기를 높게 삽니다. 그들에게 성배를 찾는 과정은 스스로 자신의 인생을 주도하고, 고난을 이겨내는 정신적 성숙의 과정이었던 것입니다.

《우아하고 감상적인 일본 야구》의 주인공들 역시 마찬가지입니다. 그들은 경기만 하면 무조건 이기는 마법에 걸린 무적의 팀이었습니다. 그들은 그 팀의 일원으로 영원히 편하게 살아갈 수도 있었습니다. 그 팀에 있었다면, 아마도 그들이 100살이 되어 지팡이를 짚고 경기를 하건, 휠체어를 타고 경기를 하건 이길 수 있었을 것입니다. 경기에 이기고 돈 버는 것이 목적이었다면, 그들은 은퇴나 팀 해체를 선언하지 않았을 것입니다.

하지만 그들은 그렇게 하지 않았습니다. 마법에 홀린 삶이 아닌 자기가 주도하는 삶을 살고 싶었기 때문입니다. 내가 잘하거나 못하거나 무조건 이기는 것은 야구가 아니며, 내가 잘할 때는 이기고 내가 못할 때는 져야지 야구라고 생각한 것입니다. 이것이 바로 자기 독립적인 삶의 태도입니다.

나의, 나에 의한, 나를 위한

어떤 사람은 자기 독립적인 삶을 더 성공하기 위한 도구로, 어떤 사람은 내 멋대로 편하게 살기 위한 삶의 방식으로 여깁니다. 하지만 《우아하고 감상적인 일본 야구》의 주인공도 그랬고 원탁의 기사도 그랬듯이, 자기 독립적인 삶을 선택하는 순간부터 엄청난 고생이 시작되게 마련입니다. 자기 독립적인 삶이란 자신의 잘못된 선택에 대해 책임질 각오가 되어 있을 때 가능하다는 걸 잊어선 안 됩니다. 자신의 잘못된 선택에 따른 고난을 견뎌내는 것이 진정한 자기 독립적 삶의 조건인 셈입니다.

오히려 돈을 위해서나 그럴듯한 대학 혹은 직장을 위해서 맹목적으로 살아갈 때는 개인으로서 고민할 필요가 없었습니다. 부모님이나 선생님, 상사의 말에 따르기만 하면 됐으니까요. 남들 다 하듯이, 공부하고, 대학 가고, 입사하고, 결혼하고, 아이 낳고, 집 장만하고…. 남들이 "이게 맞다"고 하면 우르르 몰려가 나도 "그게 맞다"고 하기만 하면 됐습니다.

하지만 자기 독립적인 삶을 살아가기로 결심한 당신은, 이제 그럴 수 없습니다. 내가 내리는 결정, 내가 하는 행동과 생각은 온전히 나에 의한, 나를 위한, 나의 결정, 행동, 생각이어야만 합니다. 그래야 내가 내 인생의 주인이 될 수 있습니다. 그래야 내 인생이 나의 것이 될 수 있습니다.

조금 불편해도 내 소신껏 살아보기로 마음먹은 분들에게 이 책이 작은 도움이나마 될 수 있다면, 더없이 기쁠 것입니다. 제가 그러했듯, 여러분 역시 그런 삶을 선택할 수 있을 것이라 믿습니다.

차례

들어가기 전에
인생의 주도권을 잃어버린 당신에게 · 05

들어가는 글
조금 불편해도, 내 소신껏 · 08

1장 　천천히, 준비 운동 : 마음에 드는 인생을 살고 있나요?

자기 독립적인 삶이란 무엇일까 · 19
당연한 생각이 과연 당연한 걸까 · 30
내 안의 노예 해방시키기 · 40

2장 　침착하게, 도움닫기 : 소신껏 살아가기 위한 마음가짐

자기 자신을 잘 아는 것이 첫걸음 · 49
날 미워하고 싶으면, 그렇게 하세요 · 62
마음의 아노미를 경계할 것 · 70
분노는 자기 독립의 적 · 82
변화를 귀찮아하는 마음 · 90

3장   힘차게, 발 구르기 : 자기 독립 선언

자기 검열을 중단해야 할 때 · 101
나를 믿고 끝까지 참아내는 힘 · 111
'장애물을 대하는 나' 변화시키기 · 120
자기 변화를 위한 생활 공간 · 129
결정 장애에서 벗어나려면 · 137
자기 독립적으로 생각하는 법 · 145

4장   자신 있게, 공중 동작 : 온갖 장애물을 뒤로하고

사소한 말 한마디에 상처받아요 · 155
걱정이 너무 많아 걱정 · 163
실수는 극복하면 되는 것 · 172
약속하지 말 것, 거절할 것 · 179
슬럼프가 찾아왔을 때 · 190
무엇이 우리를 우울하게 만드는가 · 203

5장   우아하게, 착지 : 다음 도약을 위하여

내 삶의 속도는 내가 정해요 · 217
독이 되는 배려 피하기 · 224
우리는 왜 돈을 쓸까 · 233
멍 때리는 시간이 필요해요 · 243
휴식으로서의 여행에 관하여 · 251
무소유가 안 된다면, 반소유 · 258

천천히, 준비 운동

: 마음에 드는 인생을 살고 있나요?

자기 독립적인 삶이란 무엇일까

요새 귀농을 하는 분들이 적지 않습니다. 그런데 귀농을 하고 난 후 삶에 대한 만족도는 개인마다 차이가 큽니다.

평생을 도시에서 살아왔습니다. 자신은 아무런 재능이 없다고 생각했습니다. 그런데 귀농을 하고 의외로 빨리 농사를 익히는 이들이 있습니다. 자신에게 놀라운 재능이 있었는데, 그것을 모르고 살아왔던 것입니다. 이들은 귀농을 하고서 자기 인생의 주도권을 되찾은 것입니다.

이와 달리, 전원생활에 대한 동경 때문에 귀농을 했지만 막상 시골에 살며 농사를 지어보니 크게 실망하는 이들도 있습니다. 도시에 살며 주말농장에 왔다 갔다 할 때만 해도 농사가 자기 적성에 딱 맞는다고 생각했지만, 막상 농사가 주업이 되니 힘들어진 것입니다. 도시가 너무 복잡해 사람 없는 시골에 가서 살고 싶다는 이들도 적지 않은데요. 이들은 결국 사람이 싫어 귀농을 하는 것입니다. 그런데 자기와 잘 맞지 않는 사람이 이웃에 살면 어떨까요? 작은 마을에 살다 보면, 마을 사람을 매일 마주칠 수밖에 없고 서로의 집안 사정까지 모두 공유하곤 하는데 말입니다. 최악의 상황이 아닐 수 없습니다.

이런 점들을 냉정하게 따져야 합니다. 자기 독립적인 삶을 살겠다고 마음먹은 사람이라면, 무엇보다 현실적으로 생각하고 행동해야 합니다.

나에게 잘 맞는 옷

갑자기 나의 현실을 모두 다 바꿔버리겠다는 다짐은 비현실적일 수밖에 없습니다. 우선 해야 할 일은 나의 마음가짐을 차분히 점검해보는 것입니다.

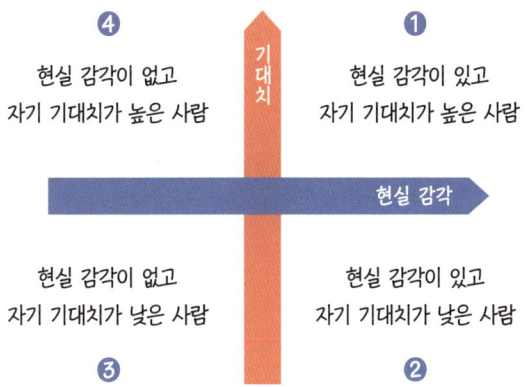

❶ **현실 감각이 있고 자기 기대치가 높은 사람**은 가장 만족스러운 삶을 살게 됩니다. 자신에게 가능한 것을 최대한 열심히 할 테니까요. 당연히 자기 독립적인 삶을 살 수 있습니다.

❷ **현실 감각이 있고 자기 기대치가 낮은 사람**은 실패하지 않습니다. 무리하지 않습니다. 엄청나게 성공한 사람, 운 좋은 사람과 자신을 비교하며 자책하지만 않는다면, 자기 독립적인 삶을 살 수 있습니다.

❸ **현실 감각이 없고 자기 기대치가 낮은 사람**은 때때로 안 되는 일에 도전했다가 실패한 후 자기 자신에게 실망하곤 합니다. 하지만 기대치도 낮기에 황당한 일은 벌이지 않습니다. 스스로 아주 만족스러워하는 삶을 사는 것은 아니지만, 돌이키지 못할 실패를 경험하지도 않습니다.

❹ **현실 감각이 없고 자기 기대치가 높은 사람**은 어떨까요? 이들은

자기가 하면, 뭐든 된다고 생각합니다. 하지만 자기 능력을 과대평가하고 모든 상황이 자기에게 유리하게 돌아갈 거라고 생각하기에, 결과가 늘 좋지 않습니다. 실패를 거듭하죠. 나중에는 몰릴 대로 몰려 상황에 끌려다니는 삶을 살고 맙니다.

자기 독립적인 삶은 안 되는 일을 되게 하는 삶이 아닙니다. 오히려 안 되는 일은 안 할 수 있어야 자기 독립적으로 살아갈 수 있습니다. 내가 할 수 있는 일을 최대한 열심히 하는 것, 가능하면 나에게 유리한 환경을 탐색해 추구하는 것이 자기 독립적인 삶을 살기 위해 꼭 필요한 일입니다.

먼저, 선택해야 할 요소들

자기 독립적인 삶을 살아가려면, 선택해야 할 것이 있습니다.
첫째, '내게 맞는 삶의 속도'입니다. 자기 독립적이라고 하면, 우리는 탱크처럼 장애물을 저돌적으로 돌파하는 무언가를 떠올리곤 합니다. 하지만 그렇지 않습니다. 사람마다 각자 자기에게 맞는 삶의 방식이 있는 법입니다. 대범하게 생각하고 단호하게 결정하고 빨리빨리 움직이는 이가 있는 반면, 차분하게 생각하고 신중하게 결정하고 천천히 움직이는 이가 있습니다. 빠른 삶이 어울리는 이는 빠르게 살아갈 때 자기 독립적으로 사는 것이고, 느린 삶이 어울리는 이는 느리게 살아갈 때 자기 독립적으로 사는 것입니다. 내 페이스에 맞춰 살아가야 자기 독립적으로 살아가게 됩니다. 느린 삶이 맞는 이가 억지로 빠르게 살아가려고 하면, 세상에 질질 끌려가게 됩니다. 빠른 삶이 맞는 이가 억지로 느리게 살아가려고 하면, 사소한 일로 좌충우돌하게 됩니다.

둘째, '내게 맞는 대인관계'입니다. 어떤 이는 자기가 주도하는 삶이라고 하면, 리더의 삶을 연상하곤 합니다. 하지만 사람들을 잘 이끈다고 해서 꼭 대인관계가 좋은 것은 아닙니다. 제가 생각하는 좋은 대인관계의 조건은 다음과 같습니다.

- 불편하면 안 됩니다.
- 내가 유지할 수 있어야 합니다.
- 감당할 수 없는 피해를 받으면 안 됩니다.
- 남에게 객관적인 피해를 주면 안 됩니다.

이 정도의 조건만 충족한다면, 그것이 최상의 대인관계입니다. 누군가와 함께하는 것이 너무 불편하고 특히 낯선 이가 싫은 사람은 가급적 대인관계를 줄일 때 자기 삶을 주도할 수 있습니다. 반대로, 매일 모임이 있어야 하고 혼자 있을 때도 계속 SNS로 소통해야 하는 이는 혼자 있으면 안 됩니다. 어느 한 사람과 너무 깊은 관계를 맺으면 안 되며, 넓지만 얕은 대인관계를 추구해야 삶을 이끌어갈 수 있습니다.

셋째, '내게 맞는 독립'입니다. 독립적이어야 하지만, 도움받아야 할 때는 도움을 청할 만큼의 의존성도 필요합니다. 친구에게 돈을 빌렸습니다. 돈을 빌려준 친구는 갚지 않아도 된다며, 부담 갖지 말라고 합니다. 하지만 돈을 빌린 쪽의 마음은 그렇지 않습니다. 갚을 돈이 없는 상태에서 돈을 빌려준 친구를 볼 때마다 왠지 마음이 불편합니다. 그러다 보니 점점 연락도 안 하게 됩니다. 마침내 돈을 빌려준 친구가 "왜 나를 피하냐, 서운하다"라고 한마디를 하자, 도리어 화를 내고 맙니다.

눈치채셨나요? 신세를 지는 순간 우리는 누군가에게 심리적으로 종속됩니다. 내 인생을 내 뜻대로 끌어가고 싶다면, 경제적이건 심리적이건 나를 통제하고 간섭하는 이로부터 독립해야 합니다. 누군가의 도움을 받다 보면, 결국 그 사람이 시키는 대로 따라가게 됩니다. 부모로부터 경제적 지원은 받으면서 심리적으로만 독립해 내 뜻대로 살아보겠다고 하면 곤란합니다. 부모로부터 간섭받고 싶지 않다면, 그들의 도움까지도 과감히 포기해야 합니다.

반대로, 적절한 도움을 수용하는 것 역시 필요합니다. 우리는 흔히 의존적이라고 하면 무조건 나쁘게만 생각하는 경향이 있지만, 사실은 그렇지 않습니다. 누군가로부터 도움받고 나도 누군가를 그만큼 도와줄 수 있다면, 그것은 건강한 의존성입니다. 어려움에 처해 있어서 반드시 누군가의 도움을 받아야만 하는 상황일 때는 제대로 도움을 받아야만 자기 독립적인 삶을 살 수 있는 것입니다.

우울증에 걸려 약을 먹어야만 하는 사람이 우울증 치료를 거부하는 경우가 적지 않습니다. 우울증약을 먹고 우울증이 나으면, 약의 힘을 빌렸다는 생각에 자신이 의존적 인간으로 느껴진다는 이유에서죠. 하지만 치료를 거부한다고 해서 독립적인 걸까요? 결코 그렇지 않습니다.

넷째, '내게 맞는 꿈'입니다.

"그래도 꿈은 크게 가져야지."

우리는 이런 말을 들으며 커왔습니다. 그래서 언제나 엄청난 목표를 가져야 한다는 강박이 생긴 듯합니다. 하지만 냉정하게 말해서, 인기 대학, 인기 학과, 인기 직업, 인기 직장은 정원이 정해져 있습니다. 부모님의 전략을 믿으면서 죽어라 공부하는 아이들이 잘못됐다는 것이 아니라, 정해진 코스를 착착 밟아가는 아이들을 보며 꿈이 없다고 스스로 주눅들 필요는 없다는 겁니다.

중·고등학교 때 이미 "나는 인생의 목표를 정했다"라고 선언하는 이들 역시 대체로 남의 꿈을 좇는 경우가 많습니다. 부모의 반대를 무릅쓰고 연예인, 요리사, 웹툰 작가, 게임 제작자 등을 하고 싶다고 하는 친구들이 있습니다. 하지만 그런 직업은 결과물에 대한 평가가 상당 부분 주관적이어서, 남들이 나에게 "잘한다"고 하지 않더라도 "그들이 나를 알아봐 주지 않는다"며 스스로를 합리화할 수 있습니다.

또한 공부는 오늘 열심히 한다고 내일 바로 성적이 오르지 않지만, 이렇게 직접적인 결과물을 만드는 작업은 결과물을 바로 확인할 수 있어서 내가 잘한다는 환상을 유지하는 한 흥분이 밀려오게 마련입니다. 이런 꿈들이 대학 진학을 포기한 데 대한 심리적 보상물일 때가 많은 것도 이 때문입니다. 이 역시 남의 꿈을 좇는 것입니다.

제가 들었던 이야기 중 가장 멋진 꿈 이야기를 가진 청소년이 있었습니다. 바로, 자동차 정비공이 되고 싶다고 한 중학생이었습니다. 자신은 자동차 고치는 것이 너무 좋다며, 어려서부터 자전거를 고치기 시작해 이제 간단한 오토바이 정비까지 자기가 알아서 할 수 있게 되었다고 했습니다.

"나이가 들면, 훨씬 복잡한 자동차를 고쳐보고 싶어요. 남들이 못 고치는 차를 고치는 게 저의 꿈이에요."

이 말에 큰 감동을 받은 저는 그 학생에게 자기만의 꿈을 추구해 성공한 이들의 이야기를 들려주었습니다. 고등학생 때부터 부모님 몰래 칵테일을 만들다가 고등학교를 졸업한 후 세계 바텐더 대회에 나가서 수상하고 자신의 칵테일 바를 차린 사람, 어려서 강아지를 너무 좋아해 강아지에게 옷을 만들어주다가 고등학교를 졸업한 후 애완견 옷 만드는 회사를 차린 사람, 고등학생 때부터 등산을 좋아하다가 나중에 유명한 산악인이 된 사람 등등. 모두가 남의 꿈이 아니라 온전한 자기 꿈을 좇아 실현한 사람들이 었습니다.

현재를 굳건히 하는 것

인간은 자신이 좋아하는 것을 열심히 하게 마련입니다. 하지만 아무리 열심히 해도 남들이 알아봐 주지 않으면 그것은 재능이 아닙니다. 그저 남의 꿈을 좇은 것에 불과하죠. 반면, 우리는 이미 내가 지닌 재능에 대해서는 너무 당연히 여기는 경향이 있습니다. 그것이 재능이라는 것을 모르기에, 자기에게 재능이 없다고 착각하는 겁니다. 말을 잘하고 친구들과 잘 어울리는 것도 재능입니다. 친구들이 잘 따르고 나를 믿어주는 것도 재능이고요. 나무나 꽃 같은 식물을 잘 키우는 것, 애완견을 잘 키우는 것, 낚시를 잘하는 것, 등산을 잘하는 것, 신앙심이 좋은 것도 재능입니다. 뭐가 되었건 내가 잘하는 것을 소중하게 여기세요.

저는 중·고등학교 때는 꿈이 없는 게 정상이라고 생각합니다. 이 시기에는 대부분이 학교, 학원, 집만 오가는 단조로운 생활을 합니다. 그러다 보니 부모님이 정해놓은 시나리오가 꿈이 되거나, TV에 나오는 멋진 유명인들을 보며 그들처럼 되고 싶다는 꿈을 갖곤 합니다. 경험의 폭이 좁다 보니, 남의 꿈을 좇게 되는 것이죠. 고등학교를 졸업하고 넓은 세상을 경험하게 되면, 그제야 비로소 진짜 내가 하고 싶은 것이 조금씩 시야에 들어오기 시작합니다.

그러니, 마음에 드는 것이 있으면 그것이 진짜 나의 길인지 아닌지 알기 위해 일단 열심히 시도해보세요. 그렇게 했을 때 남에게 인정받는다면, 계속 더 열심히 해나가세요. 그것이 진짜 나의 꿈이 되는 것입니다. 하고 싶은 것이 생겼지만 잘하지 못하는 걸 알았다면, 기간이나 횟수 등 한계를 정해놓고 몇 번 더 시도해보세요. 그래도 성과가 없다면, 후회 없이 접으면 됩니다. 그러다가 마음에 드는 것이 있으면, 계속하면 됩니다. 그러다 지겨우면, 바꿔보기도 하고요.

이 과정을 거칠 때 꼭 명심해야 할 것이 있습니다. 바로, 꿈을 위해 현재를 포기하면 안 된다는 것입니다. 흔히 성공한 이들은 자신이 꿈을 이루기 위해 엄청난 희생을 치렀다고 남들에게 떠벌리곤 합니다. 하지만 그런 말은 대부분 거짓이거나 허풍입니다.

현재는 확실하고, 미래는 불확실합니다. 꿈을 위해 현재를 포기하는 삶은 미래를 위해 현재를 저당 잡히는 삶과 같습니다. 일단 무언가에 내 인생을 저당 잡히면, 그만큼 나는 자기 독립적으로 살 수 없습니다. 꿈을 이루기 위해 가난을 이겨냈다는 말은, 솔직히 헛소리입니다. 일단 '절대 가난'에 빠지면, 혼자 힘으로 빠져나올 수 없습니다. 절대 가난은 개미지옥과도 같아요.

현재를 굳건히 하는 것, 그것이 자기 독립적으로 내 인생을 살아가는 가장 분명한 방법입니다. 매일을 잘 살다 보면 성공하는 것이지, 성공을 위해서 현재를 매일 거지처럼 살아선 안 되는 것입니다. 하루하루 행복한 삶은 결과와 상관없이 내 인생에 무언가를 남깁니다. 하지만 미래를 위해 하루하루를 고통스럽게 살았는데 불운으로 인해 목표를 이루지 못한다면, 인생이 날아가 버린다는 사실을 기억하셨으면 합니다.

당연한 생각이 과연 당연한 걸까

　옛날에 어떤 이가 불로장생의 비법을 찾아 헤매다가 세상의 끝에 존재하는 한 동굴에서 신선을 만났습니다. 신선은 그에게 영원히 사는 법을 알려주겠다고 했습니다. 그곳에는 신비로운 운동기구가 있었습니다. 신선은 그에게 이 운동기구로 계속해서 운동을 하면 영원히 살 수 있다고 말했습니다.
　그는 신선의 말을 듣자마자 운동기구에 올라가 운동을 시작했습니다. 한참 동안 운동을 하다 보니 슬슬 지루해지고 몸도 마음도 점점 괴로워졌습니다. 그는 신선에게 언제까지 운동기구를 움직여야 영원한 삶을 살 수 있느냐고 물었습니다.

"영원히 살고 싶다면, 영원히 운동을 해야 한다."

이 말을 들은 그가 과연 계속 운동을 했을까요?

영원히 운동기구 위에서 운동만 하며 사는 삶이 무슨 의미가 있을까요? 영화도 보고, 음악도 듣고, 사랑하는 사람도 만나고, 맛있는 음식도 먹고, 그 외 좋아하는 것도 하고. 그러기 위해 건강하게, 오래 살려는 것 아닐까요? 단지 오래 사는 것, 단지 건강한 것이 다가 아니라는 말입니다.

'건강이 최고'라는 말의 함정

앞의 이야기와 비슷하지만, 조금 더 현실적인 이야기를 하나 더 해볼까 합니다.

어떤 사람이 40살부터 하루 4시간 이상 운동하면 80살까지 살고, 하지 않으면 70살까지밖에 살지 못할 거라는 건강 선고를 받았습니다. 운동을 하면 25퍼센트나 수명이 길어지는 셈입니다. 운동을 끔찍하게 싫어하는 그였지만, 이 선고를 받고는 하루에 4시간씩 억지로 운동을 했습니다. 그런데 하루 24시간 중 수면 시간 8시간을 빼면, 그가 깨어 있는 시간은 16시간입니다. 이 가운데 25퍼센트의 시간을 25퍼센트의 수명을 늘리기 위해 억지로 하기 싫은 운동을 하며 보낸다고 생각해보세요. 거기서 거기란 생각이 들지 않나요?

물론 운동 중 느끼는 쾌감, 운동을 하며 좋아진 몸과 강해진 체력을 과시하는 기쁨은 무시할 수 없습니다. 또 운동으로 얻은 건강 덕분에 일도 더 잘하게 되어 능력을 인정받게 될 수도 있죠. 하지만 제가 여기서 하고 싶은 이야기는 우리 사회에 너무나 당연하게 퍼져 있는 '건강에 대한 인식'에 대해 한번 짚어볼 필요가 있다는 것입니다.

우리 중 누구도 영원히 살 수 없습니다. 건강한 사람이든 그렇지 않은 사람이든 끝이 있다는 건 달라지지 않는 진실입니다. 그렇다면, 단지 오래 살기 위해 노력하느라 현재를 흘려보내며 내 삶의 주도권을 놓치기보다는 주어진 시간 동안 값진 인생을 살기 위해 지금 이 순간을 소중히 여기며 온전히 내 인생을 내 것으로 만드는 것이 더 중요하지 않을까요? 건강한 몸도 중요하지만, 그 몸을 제대로 잘 움직여서 건전한 생각, 행복한 감정, 아름다운 추억으로 나 자신을 채우는 것이 더 중요합니다. 그럴 때 건강도 의미가 있습니다.

행복하기 위해 행복을 버리는 사람들

같은 맥락에서 '행복'에 대해서도 되짚어볼 필요가 있습니다. 우리는 행복이라는 말을 자주 사용합니다. 그런데 행복이라는 말 속에는 다양한 의미가 존재합니다.

우선, 우리는 무언가를 성취했을 때 행복하다고 합니다. 이를 위해 때로는 여유도 없이 바삐 지내야 하고, 허리가 아파도 책상에 앉아 있어야만 합니다. '미래의 성취'를 위해 '현재의 즐거움'을 포기하고 고통을 감수하는 것이죠. 그렇게 노력했는데도 원하는 것을 얻지 못하면, 절망에 빠지기도 합니다.

다음으로, 우리는 쾌락을 느낄 때 행복하다고 느낍니다. 먹고, 마시고, 섹스를 하면서 말이죠. 이런 순간순간의 쾌락이 전혀 없다면, 인생살이가 재미있을 리 없습니다. 그런데 지나치게 쾌락만을 추구한 사람의 인생 말로는 비참할 때가 많습니다.

마지막으로, 우리는 삶을 지켜주는 잔잔한 즐거움을 만났을 때 행복을 느낍니다. 힘들게 일을 마치고 집에 들어가 자녀의 웃는 모습을 보면 즐겁습니다. 직장 동료들의 익숙한 농담을 들을 때 즐겁습니다. 무언가 성취해냈을 때의 즐거움도 큰 행복을 가져다줍니다.

이러한 세 가지 유형의 행복에 각각 대응되는 불행이 있습니다.

- 성취 ↔ 열등감, 허무함, 절망
- 쾌락 ↔ 육체적 고통
- 즐거움 ↔ 외로움, 짜증, 지루함

이를 보니, 느껴지는 게 있지 않나요? 그렇습니다. 이런 감정 상태는 살면서 누구나 한 번쯤 겪게 마련입니다. 즉, 완전한 행복도, 완전한 불행도 있을 수 없는 것입니다.

이 말을 반박하며, "돈을 많이 벌게 되면, 지금보다 훨씬 행복해질 수 있다"라고 하는 분들도 있을 것입니다. 그 말이 맞을지, '부'와 '시간'을 기준으로 사람들의 행복 정도를 한번 분류해보겠습니다.

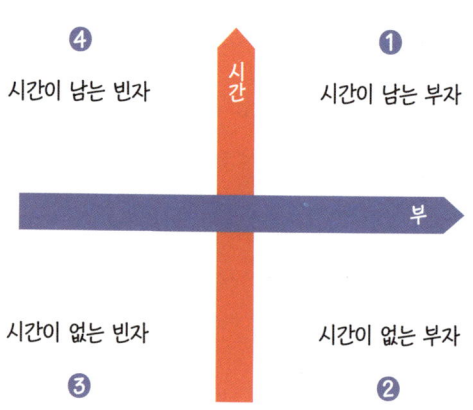

❶ 시간이 남는 부자 : 가장 행복합니다. 여유 있게 인생을 즐기며 살 수 있을 테니까요. 하지만 변화가 없기에 삶이 지루할 수 있습니다. 더 행복해지려면, 성취를 위한 적절한 도전이 필요합니다. 인생 초반에 가졌던 꿈을 돌이켜보고 새로운 인생의 목표와 비전을 마련해야 합니다. 그래야만 삶이 더욱 풍요로워지고 행복해질 것입니다.

❷ 시간이 없는 부자 : 누군가와 즐겁게 지낼 시간이 없습니다. 돈을 벌기 위해, 목적을 이루기 위해, 재미없고 외롭고 짜증 나고 지루하면서 바쁜 삶을 삽니다. 이들의 행복은 오로지 성취에 근거합니다. 나 잘난 맛에 살 수밖에 없죠. 하지만 남들은 그런 그를 돈이 많다고 존중해주지 않습니다. 그래서 자기 위안을 위해 쾌락에 집착합니다. 돈을 물 쓰듯이 쓰거나 하룻밤 술자리나 섹스에 집착하기도 하죠. 그러나 진짜 행복을 찾으려면 일을 줄여야 합니다. 가족이나 친구와 더 많은 시간을 보내야 합니다.

❸ 시간이 없는 빈자 : 가장 불행합니다. 하루하루 죽어라 일하지만 가난에서 벗어나지 못해 허덕거리는 이들이 행복해지는 건 현실적으로 너무 힘든 일이죠. 이들은 일단 이 괴로운 생활에서 벗어나기 위해 노력하는 것이 급선무입니다. 보통 이런 상황에 처한 이들은 희망이 없다는 생각에 번 돈을 술이나 도박으로 날리는 경우가 많습니다. 하지만 절망을 견뎌내며 조금씩이라도 모아 현재 상황을 벗어나기 위해 안간힘을 써야 합니다. 그렇지 않으면 불행의 늪에서 빠져나갈 도리가 없습니다.

❹ 시간이 남는 빈자 : 가장 큰 행복을 누리고 있을지도 모를 이들입

니다. 다만, 남과 나를 비교하는 순간 이들의 행복은 깨질 수 있습니다. 열등감이라고 해서 다 나쁜 것은 아닙니다. 열심히 하면 따라잡을 수 있을 만한 대상을 향해 생긴 열등감은 성취를 이뤄내고 행복에 도움을 줍니다. 문제는 언론에 등장하는 엄청난 부자들을 보며 열패감을 느끼거나 그들에게 분노하게 될 경우입니다. 이럴 때는 의식적으로 부자들에 관한 뉴스나 기사 등을 멀리해야 합니다.

이처럼 '부'와 '시간'이라는 기준 두 가지만 가지고 보아도, 각자 처한 상황에 따라 불행을 피하고 행복해지기 위한 방법이 모두 다릅니다. 그런데 행복해지기 위한 천편일률적인 방법을 이야기하는 목소리가 너무나 많습니다. 그런 목소리에 휘둘려 내 형편에 맞지 않는 해외여행에 거액을 쓰고 카드값에 허덕이는 사람, 평소 관심도 없던 악기를 배우며 진도를 못 따라가 스트레스를 받는 사람 들이 한둘이 아닙니다.

인생 후반전을 선택하는 건 나 자신

"전 부모를 잘못 만났어요. 가난한 부모 때문에 하고 싶은 일을 할 수가 없어요."

"제 외모가 연예인 같았으면 이 정도로 인생이 안 풀리지 않았을 거예요."

"형제 중에 저만 이름 없는 대학을 나왔어요. 다들 머리가 좋은데, 저는 아무리 노력해도 따라가질 못해요."

내담자들에게서 이런 이야기를 정말 많이 듣습니다. 그럴 때마다 안타까움을 지우기 힘듭니다. 슬프지만, 타고난 조건을 무시할 수 없는 게 현실이기 때문이죠.

사실, 인간은 엄마 뱃속에서 나오는 시점부터 인생의 상당 부분이 결정된다고 합니다. 하버드대학교 교수이자 저명한 심리학자인 스티븐 핑커 Steven Pinker 는 자신의 책 《마음은 어떻게 작동하는가 How the Mind Works》에서 성격과 지능의 50퍼센트는 유전에 따른 것이라고 기술했습니다. 그중 아이가 부모에게 학대당하지 않고 기본적인 양육을 받으며 자란다고 가정했을 때, 어느 부모 밑에서 자라느냐가 아이에게 미치는 영향은 5퍼센트 내외라고 합니다. 나머지 45퍼센트는 질병, 사고, 범죄와 같은 불행과 또래 집단에 의해 좌우된다고 하고요.

부모는 아이에게 동화책을 읽어주고, 모차르트의 음악을 들려주고, 사교육을 시키지만, 알고 보면 별 소용이 없다는 것입니다. 이는 곧 내 인생의 조건은 후천적인 노력 여부와 크게 관계없이 정해져 있음을 뜻합니다.

그렇다면, 우리는 정말 자포자기할 수밖에 없는 걸까요? 결코 아닙니다.

우리 인생의 전반부는 확실히 남에 의해 결정되었을지 모릅니다. 아이들은 약한 존재입니다. 그러다 보니 주로 부모가 정해주는 대로, 부모 눈치를 보며 큽니다. 환경의 절대적인 영향을 받을 수밖에 없는 셈이죠. 하지만 나이를 먹을수록 삶이 어떻게 변해 가던가요? 점점 자기가 선택해도 되는 것들, 선택해야 하는 것들이 늘어가지 않던가요? 그러면서 모범생으로 살던 아이가 대학에 가자마자 술독에 빠져 살기도 하고, 매주 부모 따라 교회나 절에 다니던 아이가 신앙을 포기하는 일도 벌어집니다.

반대로, 학창 시절에는 부모의 반대로 공부 외에 다른 활동을 못 하던 아이가 성인이 되고 나서 신앙생활을 시작하거나, 뒤늦게 배우에 도전하는 경우도 생깁니다. 결국, 인생 후반부를 설계하는 이는 다름 아닌 여러분 자신인 것입니다.

가난한 부모 때문에 하고 싶은 일을 하지 못했나요? 그럼, 이제부터라도 눈을 질끈 감고 하고 싶은 일에 도전해보세요. 돈 때문에 안 된다고 하지 말고, 지금 상황에서 할 수 있는 게 무엇인지부터 차근차근 알아보세요. 외모 때문에 인생이 안 풀렸다고요? 물론 살면서 손해를 본 적이 있을 수는 있겠지만, 외모 하나만으로 인생이 결정되진 않습니다. 아마 본인이 더 잘 알고 계실 거예요. 형제에 비해 머리가 나빠 괴롭다고요? 언제까지 비교와 지적에 끌려다닐 건가요? 나 나름대로 내 인생을 재미있게 꾸려 갈 수 있을 만큼, 그 정도의 지능만 있으면 충분합니다.

눈앞에 놓인 자기 독립의 기회를 내가 번번이 놓치는 이유는 자꾸만 다른 데 눈을 돌리며 상황을 원망하고 끊임없이 초조해하는 나 자신 때문임을 잊지 마세요. 지금이 바로 자기 독립의 드라이브를 걸어야 할 때입니다.

내 안의
노예 해방시키기

영화 〈매트릭스 *The Matrix*〉나 〈트루먼 쇼 *The Truman Show*〉를 보면, 주인공이 처음에는 자신의 인생을 살아간다고 생각하지만 어느 순간 그것이 아니라는 사실을 깨닫습니다. 영화 〈인셉션 *Inception*〉에서 주인공은 자신의 무의식에게 지배를 받죠. 잠을 자는 동안 어떤 존재가 뇌에 침투해 인간을 지배한다는 〈인베이젼 *The Invasion*〉 같은 영화는 자기가 아닌 존재에 의해 마음과 영혼이 지배당하는 것에 대한 현대인의 두려움을 반영합니다.

이런 영화들이 계속해서 만들어지고, 우리가 이런 영화들을 계속 찾는 이유는 무엇일까요? 저는 우리가 우리 스스로를 장악하지 못하고 무언가에 의해 지배받고 있기 때문이 아닐까 생각합니다. 어쩌면 우리는 자신의 지배 대상을 무찌르는 영화 속 주인공과 나 자신을 무의식적으로 동일시하는 것인지도 모릅니다. 영화 속 주인공들이 자신을 구속하는 존재와 싸우듯, 우리도 내 안에서 나를 지배하는 존재와 투쟁해 그것으로부터 완전히 해방되지 않는 한평생을 자신의 노예로만 살아가게 될 것입니다.

내 안의 주인과 노예

철학자 헤겔Georg Wilhelm Friedrich Hegel은 자신의 저서 《정신현상학Phänomenologie des Geistes》에서 주인과 노예의 관계에 대해 언급한 바 있습니다.

제가 처음 헤겔을 접한 것은 대학교 때 알렉상드르 코제브Alexandre Kojève의 《역사와 현실변증법Introduction a la lecture de Hegel》과 장 이폴리트Jean Hyppolite의 《헤겔의 정신현상학Genese et structure de la Phenomenologie de l'esprit de Hegel》을 통해서였습니다. 그때 몇 날 며칠 엄청난 감동을 받았던 기억이 생생합니다. '자기 독립'이 왜 필요한지에 대한 제 생각은 거기에서 비롯되었을지도 모릅니다.

철학이라고 하니 조금 어렵게 느껴지실 수도 있지만, 실은 간단한 이야기입니다.

인간은 원래 모두 평등하게 존재했습니다. 그런데 목숨을 걸어야 하는 위험을 어떻게 받아들이느냐에 따라 주인 의식을 가지고 사는 이와 노예 의식을 가지고 사는 이로 갈라지게 되었습니다. 목숨을 잃을지도 모르는 상황에서 목숨을 걸고 그 위험을 감수해 생존한 이는 주인이 되고, 목숨이 아까워서 상황을 그냥 받아들인 사람은 노예가 됩니다. 불평등이 생기게 된 것입니다.

주인은 자신이 세상을 지배한다는 느낌으로 살고, 노예는 자신이 세상에 예속되어 있다고 생각하며 삽니다. 자신이 세상을 좌지우지하는 존재라는 생각이 주인 의식입니다. 그러한 주인 의식은 노예의 인정을 받았기 때문에 유지될 수 있습니다. 노예가 주인을 인정하지 않는다면, 주인 의식은 손상을 받겠죠. 따라서 주인은 노예가 자신을 주인으로 인정하는지 여부를 계속 확인해야 합니다. 그래서 노예를 학대하고 무시합니다.

그런데 시간이 흐르면서 이러한 삶은 주인과 노예 모두에게 불행을 가져옵니다.

우선, 주인은 자신에게 복종해야만 하는 노예들이 자신을 칭찬하는 게 더는 즐겁지 않습니다. 삶이 권태롭고 지겹죠. 그래서 용기를 시험하기 위해 위험한 일에 몰두합니다. 사냥을 하는 이도 있고, 도박을 하는 이, 외도를 하는 이도 있습니다. 그렇게 주인은 몰락합니다. 그리고 그 자리는 또 다른 주인이 차지합니다.

한편 노예의 삶 역시 비참합니다. 노예도 하루 세끼 밥을 먹고 숨을 쉽니다. 살아간다는 것은 틀림이 없습니다. 하지만 그렇게 사는 삶은 진정한 삶이 아닙니다. 그냥 존재할 뿐인 거죠. 자신이 선택하는 것은 하나도 없고, 모든 것이 미리 정해져 있는 게 노예의 삶입니다. 때때로 주인이 좋은 보석을 줄 때도 있고 좋은 음식을 줄 때도 있지만, 주인은 나중에 그 보석을 빼앗아갈 수도 있고, 며칠씩 밥을 주지 않을 수도 있습니다. 그러한 삶을 '소외된 삶'이라고 합니다. 역사로부터 소외된 삶이고, 자본으로부터 소외된 삶입니다.

진정한 자기 독립을 향하여

이것이 철학책 혹은 역사책에서만 만나볼 수 있는 남의 이야기일까요? 아닙니다. 바로 하루하루를 그럭저럭 살아가는 우리의 이야기입니다.

우리 안에는 주인과 노예가 동시에 존재합니다. 그리고 이 둘이 동시에 존재하는 한, 갈등은 지속될 수밖에 없습니다. 내 마음속 노예는 주인이 되고 싶어 합니다. 그러나 노예가 주인이 되는 순간, 마음속 주인은 자리를 바꿔 노예가 됩니다. 즉, 우리는 무엇인가로부터 벗어나면서 무엇인가를 섬기는 과정을 반복하며 살아가는 것입니다. 돈을 섬기고, 사랑을 섬기고, 자식을 섬기고, 게임을 섬기고, 섹스를 섬기고, 영웅을 섬기고, 음식을 섬기고, 내 몸을 섬기고…. 어느 한 가지에서 다른 한 가지로 옮겨가면서 무언가를 계속 섬깁니다.

진정 자기 인생의 주도권을 되찾고 싶다면, 일단 무언가를 섬기는 행위 자체를 중단해야 합니다. 나 자신으로부터 해방되어야 합니다. 고정관념으로부터, 맹목적인 감정으로부터, 속박하는 심리적 관계로부터, 오래된 습관으로부터 자유로워질 필요가 있습니다. 그렇게, 자유를 획득하면 획득할수록 우리는 점점 더 자기 인생의 주인공이 되어가는 것입니다.

자기 삶을 한번 돌아보세요. 세상과는 다른 자기만의 기준, 자기만의 취향이 있나요? 자신 있게 "그렇다"라고 생각하는 분은 여기서 이 책을 덮으셔도 됩니다. 하지만, 대부분의 사람들은 그렇지 못합니다. 스스로 자기 안에 주인과 노예를 만들어놓고 끊임없이 노예의 관점에서 주인의 자비를 구하기 위해 애를 쓰고 있습니다. 이 상태로 지내는 한, 주인의 변덕에 놀아날 수밖에 없을 것입니다.

노예의 상태에서 해방되어야 합니다. 이것이 바로 진정한 자기 독립입니다.

물론, 자기 독립을 위한 혁명은 하루아침에 이루어지지 않습니다. 너무 급진적인 혁명은 큰 생채기를 낼 수도 있죠. 지금부터 어떻게 하면 이 혁명을 성공적으로 완수할 수 있을지 말씀드리려고 합니다. 제 손을 잡고 한 걸음, 한 걸음 같이 나아가셨으면 합니다.

2장

침착하게, 도움닫기

: 소신껏 살아가기 위한 마음가짐

자기 자신을
잘 아는 것이 첫걸음

'안면인식장애.'

 타인의 얼굴을 잘 알아보지 못하는 사람들은 보통 이런 진단을 받습니다. 심한 경우, 얼굴 자체는 전혀 구별하지 못하고 오로지 목소리나 옷차림 등으로만 가까운 사람들을 인식합니다. 사물을 인지하는 뇌의 부위에 이상이 생겨 발생하는 병이죠.
 이렇게 얼굴을 알아보지 못하면, 우리는 그것을 병으로 치부합니다. 하지만 자신의 마음을 제대로 알아보지 못하는 것에 대해서는 어떤가요? 그다지 신경을 쓰지 않는 것 같습니다. 그저 주어진 일을 하고, 사람들을 만나고, 남들이 좋다고 하는 일을 하고, 남들이 안 하는 일을 피할 뿐, 자신이 진정 어떤 사람이고, 어떤 삶을 살고 싶은지, 지금 마음이 어떤지에 대해서는 관심을 기울이지 않습니다. 저는 이를 '마음인식장애'라고 부릅니다.

'마음인식장애'라는 병

우리는 당연히 자기 자신을 잘 안다고 생각합니다. 하지만 전혀 그렇지 않습니다. 정신과 의사인 저조차도, 나 자신을 잘 모르는 상태에서 인생의 선택을 내렸던 적이 적지 않으니까요.

제 이야기를 잠시 해볼게요. 저는 의대에 들어오면서 예과 때 많이 힘들어했습니다. 고등학교 시절, 문과 적성이 월등하게 높았는데, 의대에 입학했기 때문이었죠. 그냥 암기만 잘 하면 되지 않을까, 하고 막연히 생각했거든요. 하지만 그것은 저의 철저한 오판이었습니다.

의대 과정에서는 해부학이 필수인데, 해부학 공부를 하다 보면 실습 시험을 봐야 합니다. 흔히 '땡 시험'이라고 하는데요. 시험장에 들어서면 테이블에 뼈가 있는데, 그 뼈를 보고 무슨 뼈인지 맞히는 시험입니다. 물론 시간제한이 있습니다. 시간이 지나면 땡 소리가 나고, 그러면 다음 자리로 이동해야 합니다. 공간지각력이 떨어지는 저는 당연히 통과하지 못했습니다. 재시를 보고, 겨우겨우 유급을 면했죠.

그런데 그것이 끝이 아니었습니다. 그다음 학기에는 사체 해부를 하더군요. 역시나 실습 시험이 있었고 각종 근육을 부위별로 보고 어느 근육인지 맞혀야 했는데, 저는 이번에도 시험을 통과하지 못했습니다. 이후 이어진 온갖 땡 시험들, 즉 신경해부학 실습 시험, 조직학 실습 시험, 병리학 땡 시험 모두 저에게는 고난의 연속이었습니다. 마지막 땡 시험을 제외하곤 모두 재시를 봐야 했으니까요. 만약 의대 과정에도 이렇게 공간지각력이 필요할 줄 알았더라면, 저는 의대에 지원하지 않았을지 모릅니다.

전문의 전공과를 선택하는 과정에서도 실수할 뻔했습니다. 제가 정신과를 선택한 데는 두 가지 이유가 있었습니다. 하나는, 정신과가 좋아서였습니다. 고등학교 때부터 철학책이나 심리를 다룬 소설 등을 읽는 걸 좋아했기 때문에, 정신분석학이나 심리학이 적성에 맞을 것 같았죠. 다른 하나는, 손으로 하는 것을 너무나 못해서였습니다. 수술을 해야 하는 전공은 꿈도 꾸지 못했어요. 내과를 전공하더라도 내시경이나 초음파를 해야 하는데, 그 역시 자신이 없었습니다.

그런데 인턴을 하면서 잠시 이런 결심이 흔들렸습니다. 제가 인턴으로 근무한 서울아산병원은 당시 내과 분야의 최고 병원 중 하나였습니다. 그러다 보니 그곳에서 인턴을 하는 이들 가운데 상당수가 내과를 전공하려고 했습니다. 그런 분위기 속에서, 주위에서도 내과의를 해보라는 권유가 많았습니다.

이런 일이 비단 저만의 문제는 아닙니다. 막상 힘들게 합격하고 나서 공부가 기대와 달라 레지던트를 하다가 포기하는 이들이 생각보다 많습니다. 예를 들어, 정신과를 지원하는 이들 중에는 자기가 문제 있다는 생각 때문에 자기 문제를 알기 위해 지원하는 이가 있고, 정신적으로 어려움을 겪는 이를 도와주고 싶어 지원하는 이가 있는데요. 전자의 경우, 환자를 보면 볼수록 스트레스를 받기도 합니다. 또한 시대에 따라 인기 과가 달라지는데, 이렇게 인기에 휘둘려 과를 정했다가 평생을 후회하며 사는 의사들도 있습니다.

이렇게 전혀 자기 인식이 되지 않은 상태에서 어떤 결정을 내리면, 결과적으로 자기 독립적인 삶에서 멀어질 수밖에 없습니다. 아무리 노력해도 목표가 이루어질 리 없으니, 중도에 포기하고 자기 자신을 원망할 것입니다.

한편, 상반되는 성격을 동시에 가지고 있으면서 어느 한쪽을 무시하는 이들도 있습니다. 노는 것을 좋아하며 동시에 겁 많은 사람은 종종 자신이 노는 것을 좋아한다는 점은 잘 인지하지만, 자신에게 겁이 많다는 점은 경시하곤 합니다. 내성적이지만 혼자 돌아다니는 걸 좋아하는 사람도 비슷합니다. 자신이 내성적이라는 점은 인식하지만, 돌아다니는 걸 좋아한다는 건 인식하지 못하죠. 그렇다 보니, 자신의 다양한 측면 중에서 한쪽 면만 보고 "나는 이런 사람이다"라고 스스로를 규정짓고, 이에 근거해 진로도 결정하고, 사람도 만납니다. 그러다 자신이 인식하지 못한 다른 점 때문에 곤경에 처하곤 합니다. 결과적으로, 자기 인생의 주도권을 박탈당하게 되는 것입니다.

시간이 흐르면서 본인은 변화했는데, 아직도 스스로를 과거의 자기라고 착각하는 경우도 흔합니다. 특히 부모-자식 간의 관계에서 이런 양상이 두드러지는데요. 어린아이는 부모에 비해 약자이기 때문에, 부모에게 자신의 의사를 전하려면 떼를 쓰는 등 갖은 방법을 동원해야 합니다. 그러나 상대적으로 부모는 별다른 타격을 받지 않습니다.

그러다 아이가 청소년이 되어 반항을 하면, 부모도 이제 상처를 받거나 두려움마저 느낍니다. 그러나 아이는 자기가 부모를 두려워하듯이, 부모도 자기를 두려워할 수 있다는 사실을 모릅니다. 부모 역시 상황이 바뀐 것을 모르긴 마찬가지입니다. 자식을 자기 뜻대로 좌지우지할 힘을 잃었는데도 이를 인지하지 못하고,

자식이 여전히 약자이고 자기 말대로 해야 한다는 생각을 포기하지 못하는 것입니다.

'문제투성이 나'와 마주할 용기

우리가 있는 그대로의 자신을 인식하지 못하는 이유는 뭘까요? 정신 치료를 하면서 환자에게 잘 알아듣도록 분명히 마음의 병의 이유를 설명해줘도 쉽사리 인정하지 못하는 경우가 많습니다. 문제투성이인 못난 자신을 마주할 용기가 없어서 그렇습니다. 자신의 추한 마음과 직면하는 순간, 너무 괴로울 것 같아 고개를 돌리게 되는 것입니다.

자기 자신을 알아가는 과정은 자기 자신을 만들어가는 과정이기도 합니다. 조각을 하기에 딱 적당한 대리석이 있습니다. 이 대리석은 스스로를 여느 돌과 별 차이 없는 바위로 여길 뿐, 자신이 어떤 가치를 지니는지 모릅니다. 그러다 훌륭한 조각가가 자신을 조각하기 시작하면, 대리석은 자기 가치를 깨닫게 됩니다.

"나는 용감한 영웅의 모습이 될 수도, 아름다운 여신의 모습이 될 수도 있어."

나란 인간은 나의 조각가이면서 나로서 조각된 조각상입니다. 나 자신을 알아가기 위해서는 내가 어떤 사람인지에 대해 심사숙고하는 것 못지않게 이런저런 상황에 맞닥뜨리면서 나를 시험해봐야 합니다. 새로운 상황에서야 새로운 나의 모습이 드러나고, 내가 나를 더 잘 알 수 있게 마련입니다.

I make Me. (나는 나를 만든다.)

나를 알아가는 것보다 더 중요한 것은 나를 만들어가는 것입니다. 이를 영어로 표현하면 위와 같이 "I make me."가 되겠죠. 이는 실제 회화에서 많이 쓰이는 문장은 아니지만, 우리에게 많은 생각거리를 던집니다.

우리는 흔히 '나'라고 할 때, 'I'와 'me'를 구분하지 않습니다. 이 둘을 구분한다는 것은 어쩌면 이론적으로만 가능할지도 모르겠네요. 하지만 나는 나의 조각가이면서 동시에 나의 조각품이라는 사실을 인지한다면, 이를 구분하는 것은 나를 이해하는 데 꽤나 유용한 단서라고 볼 수 있을 것입니다.

'조각가로서의 나'와 '조각품으로서의 나'가 일치하면, 즉 'I'와 'me'가 일치하면, 나를 인식하고 받아들이기가 용이합니다. 반대의 경우일수록 나를 인식하고 받아들이기가 힘들어지죠.

	작품이 인정받는다.	작품이 인정을 못 받는다.
나는 훌륭한 조각가다.	무척 행복함.	자존감이 손상됨.
나는 별로인 조각가다.	운이 좋음. 불안함.	조각가의 꿈을 포기함.

	인생이 잘 풀린다.	인생이 안 풀린다.
나는 괜찮은 사람이다.	최고의 인생.	주위를 원망.
나는 무능력한 사람이다.	운이 좋다고 생각. 겸손. 불안.	절망. 새로운 길 모색.

　심리학적 용어로 'I'는 '주체로서의 나'로, 'me'는 '객체로서의 나'로 표현할 수 있습니다. 'I'는 유동적입니다. 상황과 감정에 따라 바뀝니다. 'me'는 객체입니다. 'I'는 주어이고, 'me'는 목적어입니다.

　I see Me. (나는 나를 본다.)

　그런데 막 시험에 합격했거나 막 승진한 내가 바라보는 나와 막 시험에 떨어졌거나 막 해고를 당한 내가 바라보는 나는 다릅니다. 남이 바라보는 나는 항상 일정하지만, 내가 바라보는 나는 그때그때 다르게 마련입니다. 물론 나를 인식한다는 것은 'I'와

'me'를 따로 인지하는 것이 아닙니다. 'I'와 'me'의 관계 및 상호작용을 인지해야 하는 것이죠. 태양계를 이해할 때 행성의 이름과 위치뿐 아니라 움직임을 이해해야 하는 것처럼요.

'I'는 의지입니다. 나의 의지로 인생을 살아가면서 'me'가 형성됩니다. 우리가 나에 대해 얘기할 때는 주로 'me'에 대해 이야기합니다. 성별, 나이, 키, 몸무게, 직업, 직위, 가족, 성격, 성품, 취미, 태도 등. 이는 어떤 의미에서 '자기 자신에 대한 지식'이라고 할 수 있습니다. 이런 자신에 대한 지식을 '자기 개념 self-concept'이라고 표현합니다.

일단 자기 개념이 형성되면 우리는 이를 통해 자신을 바라보고, 이를 사용해 자신을 설명합니다. 그리고 자기 개념에 맞춰 살아가고자 합니다. 여기서 벗어나는 일은 피하고 싶어 합니다. 어쩔 수 없이 그런 일이 일어나면, 예외일 뿐이라고 합리화하거나 그 의미를 축소합니다. 자기 개념에 맞는 것은 잘 기억하고, 자기 개념에서 벗어난 일은 금세 잊어먹습니다.

자기 개념에 대하여

자기 개념 중에서 가장 중요한 것이 성격 특성입니다. 남이 바라보는 나의 성격과 내가 생각하는 나의 성격은 다릅니다. 남 보기에 못된 사람도 스스로를 공정한 사람이라고 생각합니다. 남 보기에 공격적인 사람도 자신은 누가 건드리지 않으면 가만히 있는 사람이라고 생각합니다. '나는 이런 사람'이라고 한번 자기 개념을 형성하면, 그에 맞춰 자신을 인식하는 것입니다. 가능하면, 내가 생각하는 내 성격 특성에 맞게 행동하려 하거나, 내 성격 특성에 맞게 나의 행동을 합리화하죠.

"나는 부지런하다." "나는 게으르다." "나는 적극적이다." "나는 소극적이다." "나는 똑똑하다." "나는 머리가 나쁘다." "나는 착하다."

사람들은 남에 대해서뿐 아니라 자기 자신에 대해서도 이와 같은 말들로 정의를 내립니다. 이처럼 자신을 정의하기 위해 사용하는 특징적인 성격을 심리학에서는 '자기 도식self-schema'이라고 부릅니다. 자기에 관한 정보 중에서 모순된 정보를 의식적 혹은 무의식적으로 편집한 후, 나에 대한 통일성 있는 도식을 만들어내는 것입니다. 우리는 이 자기 도식에 근거해 스스로를 바라봅니다. 타인이나 상황에 대해 도식적으로 판단하듯이, 자신에 대해서도 도식적으로 판단하고 인식하는 것입니다.

자기 도식을 만드는 과정에서 제거한 나의 성격 요소는 'not me(내가 아닌 나)'에 해당합니다. 우리는 자기 도식에 맞아 떨어지는 행동을 할 때 고민하지 않습니다. 하지만 자기 도식에서 벗어나는 결정을 할 때는 나 자신이 내가 아닌 것 같아 괴롭습니다.

주인공의 어릴 적 사진으로 시작되는 영화들이 꽤 많습니다. 이때 주인공은 꼭 어릴 적 기억과 관련된 장난감이나 사진, 편지, 앨범 등이 보관되어 있는 상자를 하나씩 가지고 있습니다. 추억이 담긴 물건들은 자기 개념을 형성하는 이정표와 같은 역할을 하는데, 이러한 이정표들을 이어가면서 만들어낸 자기 자신에 대한 이야기를 심리학에서는 '자기 설화self-narrative'라고 합니다. 자기 설화는 자기 개념을 형성하는 데 있어 중요한 역할을 합니다. 우리는 이미 만들어진 자기 설화에 맞는 미래를 원합니다. 성격 특성이 주인공이 되고, 자기 도식은 주인공의 사고방식이 되는 자기 설화를 만들어가는 것이 인생인 것입니다.

자기 개념은 한번 형성되면 잘 바뀌지 않습니다. 어떤 사람은 스스로에 대해 "한번 한다면 하는 사람"이라고 생각하지만, 옆에서 보기에 그는 "한다고 해놓고 끝을 본 적은 별로 없는 사람"입니다. 자기가 한번 한다면 하는 사람이라고 생각하는 이는 자기가 하다가 중간에 포기한 일에 대해서는 잊어먹습니다. 이처럼 사람들은 자기 개념을 확인하는 증거만 선택적으로 받아들이는 경향이 있습니다. 이러한 성향을 심리학에서는 '자기 입증self-verification'이라고 합니다. 자기 입증이 지나치면 '남이 생각하는 나'와 '내가 생각하는 나'가 달라집니다. 그러다 보면 갈등을 피할 수 없습니다. 결국 자기 독립적인 삶에 실패합니다.

나란 사람을 인식하는 것

자기 자신을 인식한다는 것은 자기를 통일된 형태로 인식한다는 걸 의미합니다. 영화를 보는 관객은 왠지 감독이 영화에 등장하는 장면 순서대로 영화를 찍었을 것 같습니다. 영화에서는 연인이 사랑하다 헤어지지만, 실제로는 헤어지는 장면을 먼저 찍고 사랑하는 장면을 나중에 찍었을 수도 있죠. 그렇게 순서 없이 찍은 장면들을 모아 나중에 감독이 한꺼번에 편집을 하는 것입니다.

인생도 마찬가지입니다. 영화감독이 좋은 영화를 만들려면, 무엇이 필요할까요?

우선, 시간이 필요합니다. 우리는 매번 장면, 장면을 살아갑니다. '구슬이 서 말이라도 꿰어야 보배'라는 말처럼 그 인생의 장면, 장면을 엮어 줄거리를 만들려면, 시간이 반드시 필요합니다.

"정신없이 바쁘게 산다"는 말을 입에 달고 다니는 이들이 있습니다. 한시도 쉬지 않고 바쁘게 사는 것을 대단한 자랑으로 여기고 있지만, 그렇게 살다 보면 나를 잃어버리고 맙니다. 적어도 자기 인생을 편집할 시간 정도는 확보해야 합니다.

그다음으로 필요한 것은 좋은 장면들입니다. 좋은 영화를 만들려면, 여러 장면을 찍어서 그중 좋은 장면을 골라 편집해야만 합니다. 마찬가지로, 나를 알기 위해 필요한 많은 자료들을 토대로, 나를 위해 가장 좋은 장면을 선택해 내 기억을 가꾸어가야 합니다. 이를 위해, 때때로 머릿속에서 자기 사진을 찍어보는 것도 좋습니다.

물론 그것이 의도적으로 되는 것은 아닙니다. 감독은 최대한 좋은 장면을 배우로부터 끌어내기 위해 노력합니다. 내가 나를 대할 때도 마찬가지입니다. 나로부터 최대한 좋은 장면을 끌어내도록 노력해보세요. 그리고 그것을 잘 편집하는 겁니다. 그렇게 내가 나를 기억하다 보면, 삶의 일관성이 생기면서 스스로를 더 잘 인식하게 될 것입니다.

날 미워하고 싶으면, 그렇게 하세요

"원래 그 회사 선배와는 가까운 편이었어요. 같이 담배도 피우고 커피도 마시면서 회사 불만도 얘기하고 타부서 사람들 뒷담화도 좀 했는데, 친해지고 나니까 저한테 말을 너무 함부로 하는 거예요. "야" "너"로 시작하더니, 이제 아주 "새끼"라는 말이 입에 붙었어요. 요즘엔 그 "새끼"란 말만 들어도 피가 거꾸로 솟는 기분이에요. 거기다 자기 일까지 저한테 슬슬 미룹니다. 이제는 제 어깨에 손 올리는 것까지 너무 거슬려요. 그럴 때마다 정말 죽이고 싶다는 생각까지 든다니까요."

직장에서 제일 가까운 선배 때문에 스트레스를 받는다며 찾아온 내담자가 있었습니다. 근무 시간 외에도 자주 어울릴 만큼 친하게 지냈는데, 그렇게 함께하는 시간이 길어지다 보니 자연스럽게 이런 문제가 발생한 것이죠. 저는 그 선배에게 호칭에 대한 불만을 솔직하게 털어놓는 것이 어떻겠냐고 말했습니다.

"그럴까도 해봤죠. 근데 도저히 입이 안 떨어지는 거예요. 그 선배가 평소에 다른 회사 사람들 험담했던 걸 생각하면…. 저한테 보일 반응을 생각만 해도 끔찍해요."

민감하고, 겁 많고, 복수심 강하고

나에게 스트레스를 주는 그 사람에게 그러지 말라고 하고 싶은데, 관계가 어색해질까 봐 혹은 내가 피해를 받을까 봐 두려워 망설이면서 스스로를 고문하는 이들이 적지 않습니다. 어디 그뿐인가요. 주변의 인정, 과거의 트라우마에 발목 잡혀 괴로워하는 이들도 매한가지죠.

이 모든 것으로부터 자유로워지려면 어떻게 해야 할까요? 우선 제일 먼저 해야 할 일은 내가 대인관계의 어떤 문제 때문에 괴로워하는지, 그 심리적 원인을 파악하는 것입니다.

어떤 사람은 다른 이들과 있으면 분위기에 민감하게 굴고, 감정도 잘 드러내고, 모든 사람과 친해지길 원하고, 도와달라는 말도 잘 합니다. 반면, 어떤 이는 분위기에 둔감하게 굴고, 감정도 잘 드러내지 않고, 가능하면 타인과 적절히 거리를 두는 것을 편하게 여기고, 독립적이어서 남이 도와준다고 하면 오히려 불편해합니다.

전자를 사회적 민감성이 높다고 하고, 후자를 사회적 민감성이 낮다고들 표현하죠. 사회적 민감성이 높은 사람은 타인을 지나치게 신경 쓰고, 사회적 민감성이 낮은 사람은 타인을 그렇게 신경 쓰지 않습니다. 사회적 민감성이 낮은 사람은 누가 나를 괴롭히면, 일단 멀리하고 봅니다. 눈에서 멀어지면 마음에서도 멀어진다고, 시간이 지나면 괴로움은 사그라들게 마련이죠. 사회적 민감성이 높은 사람은 이와 반대로 계속해서 괴로움을 느낍니다.

한편, 누군가가 나를 괴롭힐 때, 그냥 '그럴 수도 있지'하고 넘어가는 사람이 있는가 하면, 그 일이 계속 생각나 어떻게든 복수하고 싶어 하는 사람도 있습니다. 전자의 경우 관용적인 사람이고, 후자의 경우 복수심이 강한 사람이겠죠. 또한, 그중에는 겁이 없는 사람, 겁이 많은 사람도 있습니다. 복수심이 강하고 겁이 없는 사람은 가만히 당하고 있지 않습니다. 반대로, 복수심은 강하지만 겁도 많은 사람은 뭐라고 하고 싶은데 겁이 나서 전전긍긍합니다.

복수심이 없어서 누가 나를 괴롭혀도 용서를 잘 해주는 사람은 스스로는 그다지 불편하지 않습니다. 게다가 복수심이 없고 남을 잘 용서해주는 사람이 겁이 없어 용감하기까지 하다면, 그는 자신이 억지로 참는다고 생각하지 않을 것입니다. 인내하면 인내할수록 자존감이 더 올라간다고 생각하죠.

문제는, 앞서 저를 찾아온 내담자와 같이 복수심도 강하고, 겁도 많으면서, 사회적 민감성도 높은 사람입니다. 이들은 대인관계가 괴롭기 짝이 없습니다. 작은 일에도 화가 나지만 겁이 나서 꾹꾹 참습니다. 그러면서 다른 사람이 자신을 겁쟁이로 볼까 봐 잔뜩 신경을 씁니다.

첫 번째 상담으로부터 일주일 후, 다시 저를 찾아온 그는 이런 이야기를 했습니다.

"며칠 전에 그 선배한테 호칭 좀 신경 써달라고 말했어요. 그랬더니 '아, 그랬냐? 알았어'라고 짧게 대답하더라고요. 쿨한 척하긴 하는데, 그다음부터는 저한테 같이 담배 피우러 가자고 하지도 않고 왠지 거리를 두는 것 같아요. 이제 회사에서 그 선배 눈빛만 마주쳐도 불편해 미치겠어요."

"오히려 거리를 두게 됐다니, 잘된 거 아닌가요?"

"아니에요. 속으로 저를 어떻게 생각할지…. 그 선배가 다른 후배랑 담배 피우면서 킥킥대는 것만 봐도 제 이야기를 하는 것 같고, 아무튼 눈치가 보여 미치겠다니까요."

그는 참다못해 작은 불만을 표시하고 나서도, 오히려 상대의 반응에 전전긍긍하며 겁을 먹고 있었습니다. 이런 분은 어떻게 해야 할까요? 복수심을 줄이건, 겁을 줄이건, 사회적 민감성을 줄이건, 셋 중 하나는 줄여야지 인생이 편해질 것입니다.

'미움받을 용기'보다 '미움받을 준비'를

우리는 이런 분들에게 흔히 '미움받을 용기'가 있어야 한다고 이야기합니다. 미움받을 용기는 그에 걸맞은 행동으로 이어져야 한다고도 하고요. 그러나 이때 고려해야 할 것들이 있습니다.

첫째, 사회적 민감성도 높고, 복수심도 강하고, 겁도 많은 사람의 경우입니다. 이들은 작은 일에도 크게 화를 내곤 합니다. 본인은 꾹 참고 있다고 생각하지만, 주위에서 보기에는 그렇지 않을지도 모릅니다. 그의 불평·불만, 짜증, 비협조적인 태도, 투덜거

림에 질렸을지도 모르죠. 자기가 가지고 있는 불만을 상대에게 말하기로 작정했다면, 그것이 상식적인 수준인지 먼저 가족이나 친한 친구, 동료 들에게 묻고 가늠해볼 필요가 있습니다. 그러나 무엇보다 이들에게 필요한 것은 사회적 민감성 혹은 복수심을 줄이는 것입니다.

둘째, 복수심이 없어 남을 잘 용서해주지만, 사회적 민감성이 높고, 겁이 많은 사람의 경우입니다. 이들은 그야말로 '착한' 사람들입니다. 착한 사람은 억지로 용기를 내고자 할 때, 과연 내가 후폭풍을 감당할 준비가 되어 있는지 곰곰이 생각해봐야 합니다. 인간은 감정의 동물입니다. 그렇기 때문에 감정에 사로잡히면 뭐가 되었건 해야 합니다. 그렇게, '나를 무시하면 안 된다'고 투쟁을 시작합니다. 하지만 막상 미움을 받게 되면, 생각보다 타격이 큽니다. 앞서 등장한 내담자 역시도 고작 작은 불만을 하나 이야기했을 뿐인데, 상대의 눈치를 보느라 더 괴로워졌다고 했습니다. 만약 상대와 완전히 관계가 틀어질 정도로 큰 항의를 해야 할 상황이라면 어떨까요?

미움받을 용기를 내어 행동하는 것은 전혀 나쁜 일이 아닙니다. 하지만 그로 인해 내가 생각지도 못한 상황이 벌어질 수 있다는 점만큼은 항상 염두에 두어야 합니다. 용기도 중요하지만, 그보다 중요한 것은 '미움을 견뎌낼 수 있는 철저한 준비'입니다.

심리적 준비 못지않게 경제적 준비를 비롯한 현실적 준비도 필요합니다. 후폭풍을 이겨낼 준비 없이 미움받을 용기를 실천에 옮겼다간 어떤 상황에 내몰리게 될지 모르니까요.

나를 미워하게 만들 것이다

또한, 미움받을 용기가 꼭 행동으로 이어져야 하는 것은 아닙니다. 용기 그 자체만으로 자존감을 올릴 수 있습니다.

못 하는 것과 안 하는 것은 천지 차이입니다. 똥이 무서워서 피할 때와 더러워서 피할 때, 두려워서 말을 하지 못할 때와 말이 안 먹혀서 말하지 않을 때도 마찬가지죠. 내가 용기가 없어 못 하는 것이라고 생각하면, 너무 비참합니다.

'나도 이렇게 당하고 있지만은 않을 것이다. 내가 그렇게 만만한 사람은 아니다.'

이렇게 생각하면서 스스로 자존감을 올리기 위해 미움받을 용기가 필요한 것입니다. 어쩌면 '용기는 있으나 참는 정도'가 인간관계의 작은 문제를 해결할 수 있는 가장 적절한 처세술일지도 모릅니다. 요즘은 이를 '정신 승리'라는 말로 표현하기도 하는데, 결심을 꼭 행동으로 옮겨 남의 미움을 받는 것만이 능사가 아닌 것이죠.

물론 실제로 행동에 나서서 미움받는 것이 필요한 순간도 있습니다. 우리는 살면서 사람들과 '윈윈win-win'해야 한다는 말을 많이 듣지만 실제로 윈윈할 수 있는 상황이 그렇게 많진 않습니다. 내가 편하면 남이 불편하고, 내가 불편하면 남이 편한 상황이 부지기수입니다.

만약 내가 커다란 피해를 보고 있거나 누군가에게 무리한 부탁을 받고 있는데 미움받는 것이 두려워 참고 있다면, 행동에 나서야 합니다. 그러지 않는 한 피해는 물론 비참한 기분까지 덤으로 떠안아야 할 테니까요. 어디 그뿐인가요. 계속 그에게 질질 끌려다니다 종국에는 내 인생의 주도권을 그에게 바치는 꼴이 되고 말 것입니다.

물론 두려울 겁니다. 하지만, 견디세요. 아예 처음부터 '그가 나를 미워하게 만들어야 이 지긋지긋한 악순환을 끝낼 수 있다'는 생각을 스스로에게 주입하세요. 최악의 경우를 염두에 두라는 것입니다. 몇 번을 그렇게 시뮬레이션해보고 나면, 두려움이 가시고 시도해볼 용기가 조금씩 자라나게 될 것입니다.

마음의 아노미를 경계할 것

여기, 무엇이든 열심히 하는 학생이 있습니다. 이 학생의 목표는 열심히 공부해서 좋은 대학에 들어가는 것입니다. 그런데, 같은 반 친구 하나가 늘 자기보다 공부는 안 하면서 시험은 더 잘 보는 것을 알게 됐습니다. 세상 참 불공평하다는 생각이 들지 않을 수 없겠죠.

한편, 같은 반의 다른 학생은 수학 점수를 올리려고 수학 공부만 죽어라 했는데, 엉뚱하게 수학 점수는 떨어지고 대강 공부했던 다른 과목 점수는 오히려 잘 나왔습니다. 그러자 의욕이 뚝 떨어지고 말았습니다.

이렇듯, 노력한 만큼의 결과가 나오지 않는 상황을 반복적으로 경험하다 보면, 열심히 공부해서 좋은 대학에 가겠다는 이 학생의 당초 결심이 혼돈에 빠질 수밖에 없습니다. 그러면서 공부를 중단하게 됩니다. 어쩌면 커닝을 시도할지도 모릅니다.

아노미에 빠지는 세 가지 이유

사회학자 로버트 킹 머튼Robert King Merton은 앞서 이야기한 학생들의 심리 상태를 일컬어 '아노미Anomie'라는 용어로 표현했습니다. 아마도 학창 시절, 수업 시간에 한 번쯤 들어본 용어일 것입니다.

아무리 노력해도 모범 수단을 통해 원하는 목표를 이루지 못할 때, 머튼은 '긴장strain'이 발생한다고 말합니다. 영어단어 'strain'은 사실 단순한 '긴장' 이상의 의미를 담고 있습니다. 축구선수가 쉬지 못하고 계속 뛰어다니다 보면, 근육에 쥐가 나곤 합니다. 조금만 움직이려고 해도 아파서 꼼짝도 할 수 없죠. 이런 상태를 '근육 좌상muscle strain'이라고 하는데요. 마찬가지로, 열심히 노력해서 무언가 성취해야겠다고 결심했다가도, 마음에 쥐가 나버리면 그때는 아노미 상태에 빠지는 것입니다.

범죄학자 로버트 애그뉴Robert Agnew는 머튼의 이론을 발전시켜, 인간이 목표 달성에 실패하고 긍정적 자극은 사라지고 부정적 자극이 발생하면, 아노미 상태에 빠진다고 설명했습니다. 그의 이야기를 좀 더 자세히 들여다볼까요?

목표 달성 실패

애그뉴는 목표 달성 실패를 다음과 같이 3단계로 설명합니다.

1단계 실제 접하고 보니까 처음에 생각한 것보다 힘들다.	· 공무원 시험 준비를 했는데 생각보다 힘들다. · 외국에서 일해보고 싶다는 생각 때문에 외국어를 배우기 시작했는데, 생각보다 힘들다.
2단계 힘들게 했음에도 원하는 목표에 이르지 못한다.	· 열심히 준비해 공무원 시험을 치렀으나 불합격한다. · 외국어 검정시험을 봤는데 원하는 점수를 받지 못한다.
3단계 불공정한 현실을 접하게 된다.	· 나보다 공부 못한 친구가 특채로 공무원이 됐다는 소식을 접한다. 아무리 생각해도 낙하산인 것 같다. · 외국어를 잘 못하는 친구가, 내가 가고 싶어 하던 외국 기업에 취직했다는 소식을 들었다. 알고 보니, 그 친구의 친척이 그 회사에 줄을 댄 것 같다.

1단계, 2단계는 버텨낼 수 있습니다. 다음에 더 열심히 하면 된다고 생각할 수도 있죠. 하지만 불공정한 상황에서는 무너지게 마련입니다. 나보다 덜 노력한 사람이 내가 원하던 것을 손에 쥐는 걸 보면, 포기하고 싶어지는 것이 인지상정입니다. 하지만 눈에 보이는 것이 전부는 아닙니다.

긍정적 자극 사라짐

이성 친구를 따라 외국 유학을 가기로 하고, 외국어 공부를 시작합니다. 그러다 그 친구와 헤어지고 나면, 외국어 공부까지 중단하고 맙니다. 직장에서 승진에 유리하다고 해 대학원에 진학합니다. 그런데 직장에서 구조조정을 한다는 소문이 돌기 시작하자, 대학원을 다니는 게 무슨 의미가 있나 싶어 무작정 휴학을 해 버립니다.

인생을 살다 보면, 빛과 소금 같은 사람이 있게 마련입니다. 그 사람은 부모일 수도, 친한 친구일 수도, 연인일 수도 있습니다. 그러다 부모가 돌아가시거나 친한 친구와 멀어지거나 연인과 헤어지면, 긍정적 자극이 사라집니다. 상황도 관여를 하죠. 부모가 이혼하거나, 직장에서 해고당하거나, 논문이 통과되지 않으면, 목표를 포기하게 됩니다.

의지가 강한 사람은 여기까지도 견딜 수 있습니다. 그러나 불의의 일격을 당하면, 그때는 버티려야 버틸 수 없게 됩니다.

부정적 자극 발생

상담을 하다 보면, 예상치 못한 불행으로 인해 오랜 꿈을 포기하는 이들이 적지 않습니다. 가뜩이나 힘든 상황에서 교통사고를 당해 직장을 그만두는 사람, 힘든 상황에서 오랫동안 모은 돈을 사기당하고 무너지는 사람, 직장 상사의 폭언과 동료들의 따돌림으로 퇴사를 목전에 둔 사람, 이유 없이 중병에 걸려 일상이 마비되는 사람… 피할 수 없는 불행을 만난 사람들은 십중팔구 더는 버틸 수 없다고 말합니다.

이런 사연을 접할 때면, 제 머리에 떠오르는 영화가 한 편 있습니다. 〈사이드웨이 Sideways〉입니다. 이 영화의 주인공은 작가를 꿈꾸는 중년의 영어 교사입니다. 그는 우여곡절 끝에 이번만큼은 반드시 출판될 거라 여겼던 자신의 소설이 결국 출판사로부터 거절당했다는 이야기를 듣고, 다음과 같이 이야기합니다.

"난 끝났어. 영어 교사로 인생 쫑낼 거야. 세상은 내 글에 관심 없다고. 난 자살할 처지도 안 돼. 생각해봐. 헤밍웨이, 섹스턴, 플라스, 울프. 전부 책 내고 자살했어. 반평생 살고도 내세울 게 없어. 아무것도. 난 창문에 묻은 지문 신세야. 하수구를 통해 바다로 흘러갈 똥 묻은 휴지 신세라고."

저에게 이 대사가 남의 말처럼 느껴지지 않은 이유는 저의 기나긴 소설 낙방 경력 때문이었습니다. 저는 공중 보건의 생활을 하면서 닥치는 대로 단편소설을 써 신문사 신춘문예에 응모했습니다. 나중에는 중편, 장편 소설까지 써서 출판사에 보내기도 했죠. 하지만 관심을 주는 이가 없었습니다. 그렇게 매번 퇴짜를 맞을 때마다 똥 묻은 휴지 신세가 된 것 같았습니다. 심지어 레지던트가 되고 나서도 꿈을 이루지 못했단 사실에 마음 한구석에는 늘 서글픔이 자리하고 있었습니다.

열심히 노력해 꿈을 이루면 좋겠지만, 현실은 그렇지 못합니다. 아무리 열심히 노력해도 꿈이 이루어지지 않는 경우가 대부분입니다. 아니, 열심히 노력한다는 것 자체가 불가능한 상황도 허다합니다. 돈이 없어서, 가족을 돌보느라, 병에 걸려서. 고생에 지친 나머지 우리는 가장 집중해야 할 때 집중하지 못하고 무너져내리게 됩니다.

큰 위로가 되지 않을지도 모르지만, 이렇게 한번 생각해보면 어떨까요. 우리가 인생에서 이룬 것은 모두 다 어떤 형태로건 의미를 지닌다고 말입니다. 저의 소설은 비록 출판되지 못해 많은 이들에게 읽히지 못했지만, 지금 제가 쓰는 이 글은 누군가에게 읽히듯이 말입니다. 모든 인생은 나 자신은 물론, 누군가에게는 반드시 어떤 식으로든 의미를 남기게 마련입니다.

우리는 모두 혁명가가 되어야 한다

머튼은 '합법적인 수단으로 원하는 사회적 목표를 이룰 수 있느냐'를 기준으로 사회 구성원을 다섯 가지 유형으로 분류한 바 있습니다.

'동조형'은 목표도 있고, 수단도 있습니다. 이들은 그냥 세상이 시키는 대로 열심히 하면 된다고 생각합니다. 매일 매일 더 잘 하면 된다고, 지금 이 세상이 제일 좋다고 믿으며, 세상이 바뀌지 않기를 바랍니다. 당연히, 자기 혁명의 길에 들어서지 않습니다.

유형	목표	수단
동조형 conformity	+	+
혁신형 innovation	+	−
의례형 ritualism	−	+
도피형 retreatism	−	−
혁명형 rebelion	±	±

'혁신형'은 목표는 있으나 수단이 없어 답답합니다. 그러다 보니 목적이 수단을 정당화한다는 생각에 빠져, 성공하기 위해 가장 기술적으로 편리한 불법적인 수단을 사용하기도 합니다. 돈을 목적으로 하는 대부분의 범죄 행위를 저지르는 이들, 즉 불법 도박 사이트 운영자, 마약상, 불법 사채업자, 보험 사기 브로커가 여기에 해당합니다. 이들은 성공을 위해 합법적인 기회에 접근하기 힘들기 때문에 범죄를 저지르는 것이라고 스스로를 합리화합니다. 수단과 방법을 가리지 않고 목표를 이루려 할 뿐 새로운 시각을 갖진 못하겠죠. 자기 혁명의 길에 들어설 리 없습니다.

의례형은 수단은 있으나 목표가 없습니다. 세상이 바뀌어도 난 내 할 일만 잘 하면 된다고 생각합니다. 동조형처럼 지금 세상이 마냥 좋은 건 아니지만, 다른 세상을 바라는 것도 아니죠. 그저 주위를 보고 싶어 하지 않는 것입니다. 이들은 지금 하는 일만 반복합니다. 역시나 자기 혁명과는 거리가 멉니다.

도피형은 수단도 없고 목표도 없이, 되는대로 살아갑니다. 의례형과는 또 다른 의미로 이들 역시 세상에 관심이 없습니다. 부랑아, 노숙자, 알코올 중독자, 게임 폐인 등은 어떤 의미에서 도피형입니다. 이들 역시 자기 혁명의 길로 가지 않습니다.

혁명형은 목표가 있지만, 기존의 목표를 답습하지 않습니다. 기득권층이 보기에 이들은 기성 체제를 파괴하려는 맹목적인 이들입니다. 이들이 사용하는 수단 역시 기존 수단과는 다릅니다. 이들은 사회에서 살아가는 것을 힘들어합니다. 세상이 완전히 뒤바뀌는 순간, 모든 질서가 무너지는 순간, 즉 아노미 상태에서 살아가는 이들입니다. 이들은 자기 혁명의 길을 갑니다. 이들 각자의 자기 혁명이 합쳐져 커다란 사회 혁명으로 이어집니다. 혁명은 이들의 자기 혁명 본능을 깨웁니다. 이렇게 자기 혁명과 사회 혁명이 상호작용을 하면서, 삶을 바꾸고 세상을 바꿉니다. 최근 몇 년간 우리 사회를 뒤흔든 '페미니즘 논쟁' 역시 이런 맥락에서 볼 수 있습니다.

우리 모두는 살다 보면 자기 삶을 바꾸는 혁명가가 되어야 하는 순간을 맞이하게 됩니다.

"가만히 앉아서 죽을 것인가, 아니면 싸우다 죽을 것인가?"

이런 대사는 사극에나 등장하는 것이 아닙니다. 우리도 살다 보면 맞이하게 되는 결정적인 선택의 순간이 있습니다. 우물쭈물하며 이전의 삶을 답습할지, 나답게 앞으로 나아가 장렬하게 전사할지 말이죠. 이럴 때는 어떻게 해야 할까요? 영화 〈혐오스런 마츠코의 일생 嫌われ松子の一生〉에 나온 대사를 인용해보겠습니다.

"여기 있어도 지옥, 밖에 있어도 지옥. 밖으로 나가자."

이보다 더 나쁠 수는 없다고 판단되면, 결과에 상관없이 맞서 싸워야 합니다. 일단 운명의 수레바퀴를 돌리면, 어찌 됐든 상황은 바뀌게 되어 있습니다. 더는 물러날 곳이 없다고 느끼는 순간, 어느 방향으로든 상황이 변화한다면 적어도 내게 불리할 것은 없으니까 말입니다. 다만 기존 목표를 답습해서는 안 됩니다. 새로운 수단을 사용해야 하죠.

마음이 아노미 상태에 빠진 것 같다면, 그것은 여러분이 혁명 전야에 돌입했다는 것을 의미합니다. 동조형, 혁신형, 의례형, 회피형, 그 누구도 아노미 상황에서는 무력하기 짝이 없습니다. 자기 혁명만이 유일한 답입니다.

자기 혁명의 길

자기 혁명은 의지만으로 되는 것이 아닙니다. 우선 절실함이 있어야 합니다. 통상적인 다른 해결 방법이 있다면, 혁명이 필요할 리 없습니다. 살아갈 희망이 없는 상태에서는 아무것도 할 수 없으니, 돌파구가 필요한 것입니다. 여태까지 살아온 방식을 모두 버려도 좋다는 생각이 들 만큼 절실한 상태여야 자기 혁명에 다다를 수 있는 것입니다.

또한, 여건이 성숙되어야 합니다. 아무리 이론가가 혁명을 부르짖어도 혁명은 발생하지 않습니다. 생각도 무르익고, 도와줄 사람도 있고, 그에 따른 자금도 보유해야 합니다. 부모·형제가 나를 무시하고 상처를 준다고 아무리 징징대봤자 소용이 없습니다. 독립할 수 있을 만큼의 여건이 마련되어야 자기 혁명이 일어날 수 있는 것입니다.

필연성도 도래해야 합니다. 모든 혁명에는 역사적인 사건이 수반됩니다. 혁명이 일어나기 위한 여건이 성숙되어 있고 대중의 절실함이 있더라도 사태를 촉발하는 '사건'이 없으면 쉽사리 혁명이 일어나지 않습니다. 억울하게 직장을 그만두게 된 것, 그간 믿었던 사람에게 배신을 당한 것, 배우자가 바람을 피운 것, 열심히 모은 돈을 엄마가 오빠에게 주라고 한 것 등 나를 무너뜨리는 치명적인 사건이 일어난다면, 마냥 괴로워할 것이 아니라 '자기혁명을 위한 필연성이 찾아온 것인가' 하고 생각해볼 필요가 있습니다.

싸울 배짱도 필수적입니다. 사람들은 모두 두려움을 지니고 있습니다. 아무리 힘들더라도 어떻게든 현재 상황을 유지하고 싶어 하죠. 실패가 두려워서 그렇습니다. 이때 사람들을 이끄는 이가 혁명가입니다. 무모할 정도의 용기를 가진 이죠. 내 안에 잠들어 있는 혁명가를 깨워야만 자기 혁명에 도달할 수 있습니다.

　마지막으로, 성공해야 혁명입니다. 항상 모범생으로 살아왔고 자신이 원하던 대학에도 합격한 학생이, 대학 생활이 답답해 수업을 빼먹고 아무에게도 알리지 않은 채 혼자 기차를 타고 무작정 땅끝 마을까지 가는 것. 이는 자기 혁명을 위한 여정의 시작일 수 있습니다. 하지만 이 경험이 자기 혁명으로 자리매김할지 여부는 그다음에 이 학생이 어떤 삶을 살아가느냐에 달려 있습니다. 그 경험이 단지 일회적인 것에 그친다면, 이는 일종의 해프닝 내지 일탈에 불과할 겁니다. 하지만 그 경험을 시작으로, 더 많은 고민을 하면서 앞으로 후회 없는 인생을 살게 된다면 그것은 완벽한 혁명이 될 것입니다.

분노는
자기 독립의 적

"직장 일이 너무 힘든데, 주위에서 당최 도와주질 않아요. 위에서는 지시만 내리고, 밑에서는 협조를 안 하고…. 중간에 끼어서 미칠 것 같아요. 나름대로 최선을 다하고 있는데 인정받지 못한다는 생각에 더 화가 나요. 더 견딜 수 없는 건 상사와 동료들이 절 무시한다는 거예요. 얼마 전에는 사무실에서 회의를 하다가 너무 화가 나서 그야말로 폭발을 해버렸어요. 그다음부터 억지로 참고는 있는데, 제가 생각해도 저 자신이 시한폭탄 같아요."

요즘 이런 이야기를 하는 분들을 많이 만납니다. 심지어 분노 조절에 문제가 있어 강력 범죄를 저지르는 이들도 점점 늘어나고 있어 큰 문제죠.

흔히 자기 독립적으로 살아야 한다고 하면, 누군가에게 큰 목소리로 자기주장을 펼치는 모습을 떠올립니다. 주로 화를 잘 내지 못하는 이들일수록 이런 모습을 떠올리는 경우가 많습니다. 그런데 그거 아시나요? 화를 내면 낼수록 역설적으로 자기 독립적인 삶에서 점점 멀어진다는 사실을요. 분노가 불러일으키는 문제들에 한번 포위당하기 시작하면, 나중에는 아예 옴짝달싹하지 못하게 됩니다.

내가 화내는 패턴 파악하기

한번은 본인이 운전만 하면 돌변하는 게 문제라는 내담자가 저를 찾아왔습니다.

"누가 조금만 끼어들어도 참지를 못하겠어요. 그래서 계속 경적을 울리고, 육두문자를 날리게 돼요."

몇 마디 나누지 않았지만, 그가 그렇게 다혈질인 사람으로 보이지는 않았습니다. 저는 그에게 그것이 큰 문제가 되는지 다시 물었습니다. 그러자 그가 대답했습니다.

"네, 얼마 전에는 제 차 앞에 위험하게 끼어든 상대방 차를 가로막아서 멈추게 하기까지 했어요. 차에서 내려 그 운전자와 싸움을 하다가 결국 경찰까지 출동했죠."

그는 머리를 감싸 쥐며 괴로워했습니다.

"저도 제가 왜 이러는지 모르겠어요. 매번 차 시동을 걸 때는 화내지 말아야지, 다짐하지만 막상 운전을 하다 보면 나도 모르게 화를 내고 있다니까요. 이런 저 자신이 너무 싫고 후회가 되는데, 그래도 운전대만 잡으면 그냥 다른 사람이 되는 것 같아요."

혹시 그의 이야기에서 느껴지는 게 있나요? 그렇습니다. 분노는 다양한 심리적인 문제를 야기합니다. 앞선 이야기 속 '분노의 운전자' 같은 분들은 상대에게 화를 폭발시킨 후 스스로 절제하지 못했다는 것 때문에 깊은 부끄러움을 느낍니다. 때로는 타인에게 상처를 주었다는 사실로 인해 크나큰 죄책감을 느끼기도 하죠. 상대와의 인간관계가 엉망이 되어 실제적인 곤란을 겪을 수도 있습니다. 특히 상대 운전자와 싸우다가 법적인 문제에 휘말릴 가능성도 다분합니다.

흔히들 화는 적당히 내야 한다고 생각하지만, 실상은 전혀 그렇지 않습니다. 화는 내면 낼수록 더 심해지는 법입니다. 화를 내는 이들은 대부분 남이 문제라고 생각합니다. 그래서 어떤 사람은 무조건 참는 것으로, 어떤 사람은 상대를 무조건 비난하고 공격하는 것으로 분노를 해결하려 합니다. 둘 중 어느 쪽이 맞는 방법일까요? 맞습니다. 둘 다 답이 아닙니다.

자기도 모르게 화가 난다는 것은 이미 내가 제어 불가능한 상태라는 뜻입니다. 그렇기 때문에 아무리 참으려고 해도 참을 수가 없죠. 또한 누군가를 공격한다고 해서 분노가 사그라드는 것도 아닙니다. 그 상대를 계속 마주해야 하는 한, 잠시 식은 듯했던 분노는 또다시 타오르게 마련입니다.

또 하나, 화를 많이 내는 이들은 "욱해서 그랬다" "다 이유가 있었다"라고 스스로의 분노를 합리화하지만, 사실은 자신에게 근본적인 문제가 있는 경우가 대부분입니다. 그래서 똑같은 상황에서는 똑같이 또 화를 냅니다. 따라서, 내가 화를 내게 되는 특정 상황이 무엇인지 파악해 그 상황을 최대한 피하는 것이 가장 좋은 방법입니다.

남이 자주 끼어든다면서 화를 내는 사람은 정작 자신도 자주 끼어드는 경우가 많습니다. 남이 난폭하게 운전한다면서 화를 내는 사람은 정작 자신도 난폭하게 운전하는 경우가 많고요. 자신이 어떻게 운전을 하는지 한번 블랙박스를 확인해보세요. 자신이 운전하면서 얼마나 욕을 많이 하는지 녹음해서 들어보는 것도 좋습니다. 자신의 운전 습관을 확인하는 것만으로도 화를 자제하는 데 도움이 됩니다.

운전하다 화를 내지 말아야겠다고 생각하는 대신, 애초부터 화를 낼 필요가 없도록 운전하는 것도 중요합니다. 빨리 가고 싶은 생각에 화가 난다면, 차라리 일정 수준 이상으로 속도를 내지 마세요. 차선도 바꾸지 마시고요. 만약에 운전하다가 분노 문제 때문에 계속 법적 다툼이 불거진다면, 차라리 운전하지 말고 대중교통이나 택시를 이용하는 것이 방법입니다.

변하지 않는 상대와는 한 발짝 거리 두기

"저는 남편만 보면 화가 나요. 아무리 잔소리를 해도 바뀌는 것이 없어요. 신혼 초부터 지금까지 집에 들어오면 옷을 아무데나 던지는 습관도 그대로예요. 술 마시고 늦게 들어오는 건 또 어떻고요. 이제 집안일 도와주는 건 기대도 안 해요. 제일 화가 나는 건, 아무리 제가 화를 내도 소용이 없다는 거예요."

가슴이 너무 답답하다는 그녀는 화를 내면 낼수록 자신만 더 비참해지는 기분이라며, 제발 분노를 잠재우고 싶다고 했습니다. 남의 얘기처럼 들리지 않으시죠? 이런 문제로 병원을 찾는 이들이 정말 많습니다. 심지어 결혼생활 내내 싸우는 부부도 적지 않습니다.

그런데 아시다시피, 10년을 화내도 변하지 않는 사람은 20년을 더 화내도, 40년을 더 화내도 변하지 않습니다. 만약 상대를 바꾸고 싶다면, 방법을 바꿔야 합니다. 화내는 것으로는 상대를 바꾸지 못한다는 게 이미 충분히 증명됐으니까요.

우선 상대가 '안 바뀐다'는 생각을 '못 바뀐다'는 생각으로 전환해야 합니다. 안 하는 것과 못 하는 것은 천지 차이입니다. 후자는 확실히 이해의 여지가 있는 것이죠.

그다음은 거리 두기입니다. 일단 분노란 감정에 사로잡히면 대화를 할수록 더 싸우게 마련입니다. 상대의 설명은 핑계로 들리고, 상대의 침묵은 내 말을 무시하는 것으로 느껴지죠. 이럴 때는 함께 있는 시간을 줄여보길 권합니다. 주말에 오래 함께 붙어 있으면, 꼭 싸우는 부부들이 많아요. 이런 부부는 따로 시간을 보내거나, 꼭 함께 있고 싶다면 되도록 집이 아닌 밖에 나가서 시간을 보내는 편이 좋습니다. 상대를 변화시키려 하기보다 화나는 상황이나 싸움이 벌어지는 환경 자체를 피하려고 노력하는 것이 상책입니다.

부모와 자식 사이도 마찬가지입니다. 사춘기를 맞은 아이들과 부모가 잘 지내기란 하늘의 별 따기와 같은 법이죠. 어렸을 때는 야단을 치면 말을 잘 듣던 아이도 조금 크고 나서는 아무리 화를 내도 꿈쩍도 하지 않는 경우가 태반입니다. 심지어 부모가 너무 화가 난 나머지 매를 들었다가 아이가 경찰에 신고를 하는 일도 꽤 발생합니다.

이럴 때, 예전의 '말 잘 듣는 착한 아이'를 되찾아야겠다고 생각하고 더 많은 잔소리를 했다간 아이와의 관계를 돌이킬 수 없을지도 모릅니다. 매일 게임만 하는 아이가 아무리 한심하더라도, 밤새 스마트폰을 손에서 내려놓지 못하는 아이 때문에 머리 끝까지 화가 나더라도, 잠시 모른 척해주세요. 아이와 어느 정도 거리를 두면서, 아이에게 다른 건강하고 재미난 취미를 찾아주세요. 그리고 좀 다른 얘기지만, 부모 자신부터 스마트폰을 손에서 내려놓을 필요가 있습니다. 본인은 별 의미 없이 스마트폰을 보며 긴 시간을 보내면서 아이에게는 그러지 말라고 훈계하는 게 과연 옳은 걸까요? 한번 곰곰이 생각해볼 필요가 있습니다.

가까운 관계일수록, 우리는 상대를 더욱더 통제하려는 경향이 있습니다. 그러다 상대가 내 통제 범위를 벗어나면, 어쩔 줄 모르고 분노에 휩싸이곤 합니다. 냉정히 말해, 우리에게는 그럴 권리가 없어요. 잠시 상대에 대한 집착을 버리고 한 발짝 떨어져서 상황을 객관적으로 보아야 합니다. 그럴 때 분노가 가라앉는 것은 물론, 상대와 내 사이도 이전보다 훨씬 좋아질 수 있습니다.

변화를
귀찮아하는 마음

　　　　　　　　　상황이 갑자기 급박하게 돌아가면서 위험이 감지됐을 때, 인간은 변화에 대한 두려움을 느낍니다. 그래서 금융 위기, 매출 급락 등으로 인해 회사가 망할지 모르는 상황에서는 조직을 급격히 변화시켜도 직원들이 반대 없이 따르곤 합니다. 겁에 질려 회사 눈치를 보기 때문이죠.

　　하지만 아직 상황이 급박하다고 느끼지 않을 때는 어떨까요? 안정된 상황에서 누군가가 '변화가 필요하다'고 나서면, 십중팔구 귀찮게 여겨지게 마련입니다. 회사가 잘나가는 상황에서 조직

개편이 이루어진다고 하면, '그냥 이러다 말겠지' 하며 대수롭지 않게 여기는 것도 이런 맥락에서입니다.

이는 꼭 회사에만 해당하는 이야기가 아닙니다. 외부적인 환경이나 대상으로 인해 내가 노예의 삶을 살고 있다는 강렬한 인식이 들게 되면, 그 상황에서 벗어나 내 인생의 주도권을 찾으려고 나설 것입니다. 하지만 생활이 안정돼 있고 딱히 사는 데 어려움이 없다면? '누가 내 인생을 이끌고 있는지 성찰해보는 것이 꼭 필요한 일일까' 하는 생각이 들면서 그저 현 상태를 유지하고만 싶어지죠.

'자기 도식' 깨뜨리기

우리는 흔히 '도식적'이라는 말을 사용하곤 합니다. 이는 다양하고 복잡한 정보를 단순화시켜 생각할 때 주로 쓰는 표현입니다. 도식은 한번 형성되면, 시간이 지나도 잘 바뀌지 않는 법이어서 상황이 변해도 같은 방식으로 대응하게 됩니다.

다 큰 남자가 결혼을 해서도 어머니가 뭐라고 한마디만 하면 꼼짝도 못 하다가 고부 갈등을 해결하지 못해 이혼하는 경우를 종종 봅니다.

"어머니는 무서운 사람이다. 어머니 말대로 해야만 한다."

바로 이런 도식을 깨지 못했기 때문입니다.

어떤 사람이 어려서는 잠시도 가만히 있지 못해 공부를 할 수 없었습니다. 그러다 성인이 되면서 차분해지고 집중력이 생겼습니다. 하지만 "공부는 지겨운 것"이라는 도식을 깨지 못하면, 그에게 공부는 계속 지겨울 것입니다. 조금만 노력하면 가능한 시험도 포기하게 될 것이고요.

"일은 지루하고 힘든 것"이라는 도식을 깨지 못한 사람은 직장에서 퇴근할 시간만 기다리게 됩니다. 내 적성에 맞는 직장을 찾아 시간 가는 줄 모르고 재미있게 일하다가도, 얼마 지나지 않아 이렇게 열심히 일하는 것이 이상한 일이란 생각이 들면서 잘나가던 직장 생활에 제동이 걸리는 것입니다.

이처럼, 우리는 모두 어떤 대상, 어떤 상황에 대한 도식을 간직한 채 살아갑니다. 그리고 그 도식에 근거해서 행동합니다. 그중에서도 우리 삶에 가장 큰 영향을 주는 도식은 "나는 이런 사람이다"라고 하는 자기 도식입니다.

자기 도식은 과거의 경험으로부터 만들어집니다. 이는 나 자신과 관련된 경험, 사건, 상황을 마음속에서 정리하고 처리하는 데 사용되며, 우리는 이에 따라 행동하게 됩니다. 그런데 다르게 인생을 살고자 한다면, 무엇보다 바로 이 자기 도식이 깨져야만 합니다. 헤르만 헤세Hermann Hesse의 소설《데미안Demian》에서 알이 깨지며 주인공 데미안의 자기 도식이 깨졌듯이 말입니다.

"나는 아침에 못 일어나는 사람이다."

이러한 자기 도식이 깨지지 않으면, 아침에 늦게 일어나 지각을 한 후 '나는 원래 이런 사람이었어'라고 생각하며 원래 상태를 유지하려 할 것입니다.

"나는 먹는 것을 잘 참지 못하는 사람이다."

이러한 자기 도식이 깨지지 않으면, 며칠간 다이어트를 하다가 한순간에 무너지기 쉽습니다.

"나는 원래 절제력이 없는 사람이다."

이런 자기 도식이 깨지지 않으면, 또다시 카드를 긁고 쇼핑을 하게 될 것입니다.

물론 변화는 두렵습니다. 하지만, 진짜 인생을 살고 싶다면, 자기 도식을 깨는 자기로부터의 혁명이 반드시 선행되어야 합니다.

우리가 변화를 거부하는 이유

이런 진정한 자기 혁명을 막는 '변화에 대한 거부'는 왜 발생하는 걸까요? 바로, 괴로움은 현재 당하는 것이고, 편해지는 것은 미래이기 때문이죠.

지금부터는 변화를 거부하는 인간 심리를 네 가지 키워드로 분석해보겠습니다.

익숙한 것이 더 나아 보이게끔 하는 인지 왜곡

변화하기 위해서는 새로운 것을 학습해야 하고 새로운 것에 익숙해져야 합니다. 즉, 노력이 필요합니다. 많은 이들이 결과적으로 노력하고 싶지 않아서 변화를 거부하곤 합니다. 그럼에도 불구하고 당사자는 이를 인정하지 않으려고 합니다. 변화에 대한 본능적인 거부감이 그저 올바른 판단에 따른 것이라고 스스로를 합리화합니다. 현재 익숙한 기술과 시스템이 새로운 기술과 시스템보다 뭔가 더 나은 점이 있기 때문에 변화를 거부한다고 생각하면, 마음이 편해집니다. 그래서 익숙한 것이 더 우수하다고 생각하고 새로운 기술과 시스템은 불안정하다고 착각합니다. 변화하기 싫은 마음 때문에 기존의 것이 더 우수하다는 증거에만 집착하게 되는데, 그것이 실제로는 자기 마음 때문이라는 것을 인식하지 못하는 것입니다.

불확실성에 대한 과대평가

인간은 어떤 상황에 대해 100퍼센트 확실한 것과 극단적으로 혼란스러운 것 중 어느 한쪽으로 판단하려고 하는 본능이 있습니다. 그런데 사실 우리 인생에는 100퍼센트 확실한 것도, 극단적으로 혼란스러운 것도 거의 없습니다.

경영학에서는 불확실성을 네 가지 수준으로 분류합니다. 우선, 그 방향과 변화의 폭이 어느 정도 정해져 있는 제한적 불확실성이 존재합니다. 둘째, 방향은 정해져 있으나 변화의 폭이 어디까지 진행될지 모르는 불확실성이 존재합니다. 셋째, 양자 혹은 다자 조건 중에서 선택이 가능한데 어느 쪽이 올바른 선택인지 알 수 없는 형태의 불확실성이 존재합니다. 마지막으로, 도대체 어디로 튈지 모르는 완전한 카오스Chaos가 존재합니다. 그런데 카오스 수준의 불확실성은 극소수에 불과합니다. 변화를 접하게 되면 인간은 일단 카오스 수준의 불확실성을 상상하게 되는데, 그러다 보면 두려움이 두려움을 낳는 악순환이 벌어집니다.

현 상태가 계속 유지될 것이라는 그릇된 믿음

1930년대 전 세계적인 대공황이 있기 직전, 1997년 외환위기 직전, 2000년대 초 IT 버블 붕괴 직전, 2008년 서브프라임 여파로 인한 금융 위기 직전에도 대중은 "이번엔 다르다This time is different."라고 말하며 호황이 지속될 것이라 믿었습니다. 인간에게는 현재의 유리한 상황이 유지될 것이라고 믿으면서 자신에게 불리한 변화는 부정하는 본능이 있기 때문입니다. 지금은 상황이 괜찮지만 앞으로는 어려워질 수 있다고 누군가가 언급하면, 설마 그런 일이 생기겠느냐고 스스로를 안심시키며 변화를 거부합니다. '지금도 괜찮은데, 뭐 굳이 아직 닥치지도 않은 미래를 걱정하면서 변화할 필요가 있겠어'라고 생각하는 것입니다.

실패에 대한 두려움

저명한 스포츠 심리학자 앨버트 반두라Albert Bandura는 주어진 과제에 대해 자신감을 획득하는 데는 네 가지 기전이 작용한다고 주장합니다. 첫째, 한번 해보고 나면 그다음에는 해볼 만하다는 생각을 하게 됩니다. 둘째, 누가 하는 것을 옆에서 보면, 나도 할 수 있겠다는 생각을 하게 됩니다. 셋째, 어떻게 하는지 설명을 자세히 들으면, 자신감이 다소 상승합니다. 마지막으로, 누군가로부터 정서적인 격려를 받으면, 자신감이 생길 수 있습니다.

그런데 이 가운데 자신감에 가장 결정적인 영향을 주는 것은 실제로 한번 부닥쳐서 경험을 하는 것입니다. 인간은 막상 해보기 전까지는 막연한 불안에 사로잡혀 실패를 두려워하곤 합니다. 그러면서 변화를 시도하는 것 자체를 거부합니다.

위의 네 가지 심리를 살펴보고 나니, 사실상 변화에 대한 두려움이나 거부감이 아무것도 아니라는 것을 충분히 깨달으셨을 거라 생각합니다.

지금까지 내가 만들어가는 인생을 살아오지 못한 분이라면, 이제 스스로 변화를 주도해나가야 합니다. "꼭 변화해야 하나"라고 질문하는 분들에게는 "반드시 그렇다"라고 말씀드리고 싶네요. 변화는 필연이기 때문입니다. 점점 나이가 들고 환경이 달라질수록, 내 인생의 주인공 자리를 타인에게 내어준 사람들은 그러한 변화에 질질 끌려갈 수밖에 없습니다. 변화를 추구하지 않으면 현상 유지조차 하기 힘들어진다는 것입니다.

최악의 상황을 맞은 후에야 변화를 시도한다면, 그때는 이미 지금보다 수백 배, 수천 배의 노력과 자원을 쏟아부어야 할지 모릅니다. 그러고도 실패할 수 있습니다. 이 책을 만난 바로 지금이 스스로 변화를 꾀할 적기임을 잊지 마시기 바랍니다.

3장

힘차게, 발 구르기

: 자기 독립 선언

자기 검열을
중단해야 할 때

조지 오웰 George Orwell 의 소설 《1984 1984》 와 올더스 헉슬리 Aldous Huxley 의 《멋진 신세계 Brave New World》에는 완벽하게 통제되는 사회가 등장합니다. 이러한 사회의 모습은 〈이퀼리브리엄 Equilibrium〉〈브이 포 벤데타 V For Vendetta〉 등 영화에서도 단골 메뉴로 등장하곤 합니다.

이런 소설이나 영화에서 중요하게 다뤄지는 것이 바로 '검열'입니다. 혁명을 두려워하는 이들은 사회를 유지하기 위해 생각을 통제하고자 합니다. 개인이 불만을 가지는 것은 가능하지만, 이 불만이 퍼져나가면 걷잡을 수 없어 통제가 불가능해집니다. 그래서 반항의 신호는 그 어느 방향으로도 전달되면 안 됩니다. 〈브이 포 벤데타〉의 낙서는 반항을 횡橫으로 전달하는 도구입니다.《멋진 신세계》에서 셰익스피어는 반항을 종縱으로 전달하는 도구죠. 검열에서 거르지 못한 오래된 책 한 권, 낙서 하나가 세상을 바꾸는 혁명으로 이어진 것입니다.

우리의 마음도 이와 같습니다.

나를 속이는 '자기 검열'의 덫

내담자들의 꿈 이야기를 듣다 보면, 경찰관이 자주 등장합니다. 어렸을 때는 천방지축으로 지내던 아이가 나이 들며 스스로 착하게 살아야겠다고 생각하게 되면, 그때 경찰이 자신을 잡으러 오는 꿈을 꾸곤 합니다. 하지만 꿈에서는 잘 잡히지 않습니다. 어떤 점에서는 그것이 맞죠. 자기 검열을 해도 폭주하는 생각을 모두 통제하기란 쉽지 않으니까요.

그러다 보니 작은 구멍으로 생각이 빠져나오려고 합니다. 오래된 파이프에 구멍이 나면, 물이 새기 시작해서 나중에는 파이프가 터집니다. 댐이 무너질 때도 마찬가지입니다. 처음에는 작은 균열이 발생하고, 그 틈으로 물이 샙니다. 그렇게, 점점 물 새는 곳의 수압이 강해지고, 구멍이 커집니다. 그러다 보면 또 다른 틈이 생기고, 또 다른 구멍이 뚫립니다. 구멍과 구멍이 이어지면서 댐이 갈라집니다.

자기 독립을 위한 자기 혁명이란 내 모든 것이 바뀌는 것입니다. 그렇기 때문에 우리 마음속에는 혁명과 반혁명이 동시에 존재합니다. 마음 한쪽에서는 전면적인 변화를 위해 자기 혁명을 진행하지만, 반대쪽에서는 자기 혁명을 저지하기 위해 자기 검열을 시도합니다.

우리는 걱정거리가 있을 때, 걱정하지 않으려고 의도적으로 노력하곤 합니다. 괴로운 생각이 들 때도 마찬가지죠. 일부러 괴로운 생각을 머릿속에서 밀어내려고 합니다. 하지만 그럼에도 불구하고 그런 생각이 멈추지 않을 때가 있습니다.

MMPI_{Minnesota Multiphasic Personality Inventory}라는 검사를 하면 그중에서 'HY 지수'라는 항목이 있습니다. 이 지수가 높은 사람들은 매사를 좋은 쪽으로 생각하고자 합니다. 그러다 보니 현실을 외면하게 되죠.

처음 사귀기 시작했을 때는 남자친구가 전화도 잘 받고, 약속 시간보다 일찍 나오곤 했습니다. 하지만 점점 전화를 해도 받지 않을 때가 많아졌고, 그 이유를 물으면 이런저런 핑계를 댑니다.

그러다 우연히 그가 이성에게 묘한 문자메시지를 받은 걸 보게 됩니다. 아는 동생에게 온 것이라는 해명에, 의심하는 것이 불편해 그냥 넘어갑니다.

하지만 그때부터 머릿속에서 계속 그 문자메시지가 맴돌죠. 생각하지 않으려 해도 안 할 수가 없습니다. 그러다 어느 날 친구에게 이런 연락이 옵니다.

"네 남자친구 말이야. 아무래도 다른 여자 만나고 있는 것 같아. 오늘 극장에 갔다가 네 남자친구가 다른 여자랑 손잡고 영화관 들어가는 거 봤어."

드라마와 같은 일이 일어난 것입니다. 그리고 나서 과거를 돌이켜보면, 그의 말이 모두 다 거짓이었음을 인정하지 않을 수 없습니다. 그저 그동안 의심이 스멀스멀 기어 나올 때마다, 자기 검열을 해대며 그 의심을 억눌렀을 뿐이죠.

어디 연인관계에서만 이런 일이 일어날까요. 단기간에 엄청난 돈을 벌게 해주겠다는 사기꾼에게 걸려든 이들 중에는, 자기가 속고 있다는 걸 알면서도 그런 생각을 억누르는 이들이 적지 않습니다. 막상 자기가 사기당했다는 사실을 인정하게 되면, 현실적인 손해에 직면할 것은 물론 스스로가 바보라는 것을 만천하에 공표하는 것 같아 두렵기 때문입니다. 심지어 자기 환상을 깨고 싶지 않아, 의심을 누르고 사기꾼에게 추가로 돈을 보내는 이들도 있습니다. 타인에게 속는 것도 문제지만, 자기 자신에게 속는 것 또한 큰 문제입니다.

자기 검열이 실패할 수밖에 없는 이유

계속해서 생각을 곱씹게 된다는 것은 지금 상황에 무언가 심각한 문제가 있다는 것을 의미합니다. 불안한 현실을 두고 애써 안전하다고 스스로를 안심시키며, 현실을 부정하는 것에 불과한 것입니다. "설마, 괜찮을 거야"라고 주문을 외우면서 의식적으로 마음 상태를 바꾸고자 하는 이런 시도를 '정신 통제 Mental Control'라고 합니다.

그런가 하면 미래에 대한 걱정을 의도적으로 피하는 '사고 억제 Thought Suppression'라는 개념도 있습니다. 암 수술을 받은 후 정기적으로 검사를 받아야 하지만, 혹시라도 재발이 되지나 않을까 두려워하며 검진 자체를 기피하는 환자가 여기에 해당됩니다. 얼핏 보면, 이는 완벽한 전략처럼 보이기도 합니다. 어차피 피하지 못할 고통이라면, 눈을 감고 있는 것이 마음도 편하고 어떤 면에서 합리적일 수도 있으니까요. 그래야 그 대신 다른 것에 대해 생각할 수 있고, 나를 즐겁게 하는 다른 일을 할 수 있을 것 같기도 합니다.

하지만 현실은 어떨까요? 전혀 그렇지 않습니다. 인간에게는 무언가를 억지로 생각하지 않으려 하면 할수록, 오히려 더 많이 생각하게 되는 경향이 있기 때문입니다. 생각하지 않으려 노력할수록, 더 생각이 납니다.

"여기에서 본 것은 다 잊어버려야 해."

영화에서 자주 등장하는 대사입니다. 하지만 그런 말을 듣고 나면 오히려 그 상황이 더 잘 생각나지 않던가요? 이런 현상을 '사고 억제로 인한 반동효과 Rebound Effect of Thought Suppression'라고 합니다.

문제와 직면하는 걸 피하고자 억지로 다른 생각을 하기 위해 노력하기도 합니다. 의도적으로, 긍정적인 방향으로 생각하려고 하는 것이죠.

그런데 그렇게 의식적으로 노력하는 것이 정반대 결과를 초래할 수도 있습니다. "에라, 모르겠다" 하고 될 대로 되란 식으로 행동하면, 오히려 실패하지 않습니다. 자꾸 어깨에 힘이 들어가면,

공이 조금씩 스트라이크존에서 벗어납니다. 억지로 힘을 빼고 공을 던지다 보면, 공이 하늘로 높이 날아가 버립니다. 이런 현상을 '정신 통제의 아이러니 Ironic Process of Mental Control'라고 표현합니다.

같은 맥락에서, 억지로 즐거운 척을 하다 보면, 오히려 더 긴장되고 어색해 감정이 자꾸 축적되게 마련입니다. 그러다 어느 순간 축적된 것들이 폭발합니다. 그래서 우울하고, 슬프고, 억울한 감정이 밀려오면, 감정의 늪에 더 깊게 더 오래 빠져 허우적대게 되는 것입니다.

'심적 부메랑'이라는 용어도 있습니다. 흔히들 말하는 '청개구리 심보'라고 보면 됩니다. 무언가를 하지 말라고 하면, 더 하고 싶어지는 것이죠.

로미오와 줄리엣을 생각해보세요. 부모가 결혼을 반대하면 할수록 더 하고 싶어집니다. 기억하고 싶은 좋은 추억은 생각나지 않고, 기억하기 싫은 아픈 기억만 더 잘 떠오릅니다. '이 얘기는 절대로 하지 말아야지' 하다 보면, 나도 모르게 실수로 그 얘기를 꺼내게 됩니다. 생각을 억누르려고 하면 할수록 그 생각이 더 잘 떠오릅니다. 결과적으로, 생각하고 싶지 않은 생각으로 가득 차 버립니다.

삶이 새로운 단계를 열망할 때

자기 검열은 내 생각을 스스로 진단하는, 일종의 검사입니다. 이를 통해 우리는 의문을 걸러냅니다. 그 후, 정신 통제도 하고, 자기 억제도 합니다. 하지만 그럼에도 불구하고 화가 멈추지 않는다면, 그때는 혁명이 필요한 상황이라는 뜻입니다. 지금 당장 자기 독립에 돌입하지 않으면, 자기 파멸이 발생할 수밖에 없습니다.

자기 독립에는 분노와 절박함이라는 에너지가 필요합니다. 누군가가 여러분을 무시하고, 짜증 나게 하고, 차별할 때, 더는 안 되겠다는 생각이 들 것입니다. '다음에 해야지, 다음에 해야지' 하고 미루다가 더는 미룰 수 없는 시점이 되면, 그때는 무언가를 할 수밖에 없습니다. 이때 절망에 빠져 주저앉으면 자기 파멸의 길로, 주먹을 높이 들고 무모할 정도로 돌진하면 자기 독립의 길로 들어서는 것입니다.

부럽기만 한 남의 이야기 같다고요? 인생을 살다 보면, 이러한 각성의 순간이 반드시 찾아옵니다.

"계속 이렇게 살 수는 없어. 나도 온전히 대접받을 권리가 있다고."

자기 비하, 게으름, 망설임, 분노로 스스로를 망치던 이들도 일단 깨달음을 얻고 나면, 스스로를 망치는 행위와 부정적인 생각을 중단합니다. 바보처럼 살았다는 것을 깨닫고, 바보처럼 사는 것을 그만하기로 하는 것이죠. 남의 의견대로만 살아오던 이들도 불복종하게 됩니다. 마음속에서 커다란 불이 그야말로 활활 타오르는 것입니다.

이 시점에 누군가가 나를 자극하면, 안에서 타오르던 불길에 기름을 붓는 격이 됩니다. 이에 과거에는 상상할 수 없을 만큼의 에너지를 삶에 쏟아붓고 마침내 변화합니다.

절망이 너무 오래 지속되면, 에너지가 소진되어 더는 아무것도 할 수 없습니다. 그러기 전에 마음에 불을 붙여야 합니다. 반대로, 화에 질식되면 마음은 온전히 돌아오지 않습니다. 발화 가스가 가득한 상태에서 불을 붙일 경우, 마음은 완전히 폭발해버릴 테니까요. 냉정한 눈으로 딱 맞는 타이밍을 찾고, 타이밍을 찾은 다음에는 주저하지 말고 마음에 불을 붙여야 합니다.

삶이 새로운 단계를 열망하는 순간, 화가 발생하는 것은 너무나 당연한 이치입니다. 그러나 화가 난다는 이유로, 화를 감당할 수 없다는 이유로, 자기 검열, 정신 통제, 자기 억제 등 그 어떤 수단을 동원한다 한들 큰 소용이 없습니다.

한번 시작된 변화는 막을 수 없습니다. 변화를 향해 번져가고

자 하는 '화'라는 마음의 불씨를 잘 키워서 '용기'로 바꿔야 합니다. 그렇게 했을 때, 우리의 진정한 자기 변화는 비로소 완수될 수 있을 것입니다.

나를 믿고
끝까지 참아내는 힘

이탈리아의 탐험가 크리스토퍼 콜럼버스_{Christopher Columbus}가 신대륙을 발견한 이야기는 널리 알려져 있죠.

콜럼버스 일행은 처음에 인도로 간다고 생각하고 항해를 시작했습니다. 하지만 인도는 그들이 예상한 것보다 훨씬 더 멀리에 있었습니다. 만약 아메리카 대륙이라는 커다란 땅덩이가 중간에 존재하지 않았더라면, 콜럼버스 일행은 모두 굶어 죽었을 것입니다. 잘못된 것일지언정 지도가 있었고, 그 지도를 믿고 가다 보니 의도한 바는 아니지만 생존할 수 있었던 것입니다.

흔히들, 우리는 목표란 무언가를 이루기 위해 존재하는 것이라고 여깁니다. 하지만 살다 보면 우리에게 필요한 것은 때때로 목표 그 자체일 때가 있습니다. 불가능한 목표건 가능한 목표건, 목표를 이루기 위해 살 때 의미 있는 삶이 가능합니다. 목표가 사라지면, 목적의식 그 자체도 사라집니다. 목적의식이라는 심리적 불을 끄지 않고 유지하기 위한 땔감이 목표인 것이죠. 남들이 보기에는 허상으로 보이는 목표일지언정 있는 것이 없는 것보다 나은 이유입니다.

'가족을 위해 산다'는 말의 양면성

"난 가족을 위해서 삽니다."

이렇게 말하는 분이 있었습니다. 그는 본인의 뜻이 아니라 가족의 기대에 따라 공무원이 되었다고 했습니다. 처음에는 월급 받고 경제적으로 안정을 찾고 싶다는 목적의식이 있었습니다. 하지만 그 욕구가 어느 정도 충족되자, 일에 대한 의욕이 급속하게 상실되었습니다.

"그렇게 의욕 없이 살다가 어느 날 문득 정신을 차려보니, 아내가 저를 좌지우지하고 있더라고요."

그는 나중엔 아내가 좌지우지하는 자식의 미래를 위해 돈 버는 것이 자기의 전부가 되었다고 했습니다. 당연히 회사는 그에게 재미가 없었죠.

'가족을 위해 산다'는 말에는 양면성이 있습니다. 가족을 사랑한다는 의미도 있지만, 자율성 제로인 자기 삶에 대한 원인을 가족에게서 찾는다는 의미도 있죠. 이런 사람들은 무슨 일을 하건 초반에는 나름의 목적의식을 갖지만, 상황이 바뀌면서 새로운 목적을 찾지 못하면 인생이 엇나갔다고 느낍니다. 이럴 때는 새로운 목적을 찾아 나서야 합니다.

세상의 길이 하나만 있는 것은 아닙니다. 지하철만 타는 것이 버릇인 사람은 어떻게 해서든 지하철로만 가려고 합니다. 버스를 타는 것이 버릇인 사람은 어떻게 해서든 버스로만 가려고 합니다. 하지만 지하철로 여러 번 갈아타야 하는 길을 버스로는 한 번에 갈 수도 있고, 차도가 막혀 버스가 꼼짝 못 하는 시간에 지하철을 타면 더 빨리 가기도 합니다. 때로는 걷는 것이 최고인 경우도 있습니다.

길을 벗어난다는 것을 너무 두려워하지 마세요. 길을 따라 걸을 때는 못 보던 것이 길을 벗어나면서 보이기도 하니까요. 그러다가 보물을 줍게 될 수도 있고 말입니다.

목표를 세우고 시도하는 과정에서 겪는 실패 또한 너무 두려워할 것 없습니다. 물론 실패의 충격이 생각보다 더 강한 경우도 있지만, 영원한 고통은 없는 법입니다. 너무 고통스러우면, 잠시 한 발 물러나 쉬면 됩니다. 아무리 깊은 나락도 바닥이 있는 법이죠. 떨어지다 보면, 언젠가는 멈춥니다. 그렇게 바닥에 주저앉아 한참 있다 보면, 내 엉덩이의 체온으로 인해 바닥에도 조금은 온기가 서립니다. 그 온기가 고통을 좀 가시게 해주면, 일어나서 또다시 시작하면 됩니다.

자율성과 인내력

목표를 세우고, 시도하고, 실패하고, 견디고, 다시 일어서는 이 일련의 과정에 가장 필요한 게 무엇일까요? 바로, '자율성'과 '인내력'입니다.

자율성은 스스로 정한 것을 믿고 끝까지 밀고 나가는 힘입니다. 자율성을 확보하려면, 우선 스스로를 유능하다고 생각할 수 있어야 합니다.

얼마 전, 자신감이 너무 떨어졌다며 찾아온 내담자가 있었습니다.

"저는 너무 무능한 것 같아요. 그래선지 똑똑한 이들과 일하는 것이 부담됩니다. 그들이 제가 무능하다는 사실을 알아챌 것만 같아서요. 그래서일까요. 어느 순간 주변을 둘러보니 제가 저보다 무능한 것 같은 사람이나, 절대로 저를 무시하지 못하고 무조건 좋아해줄 것 같은 사람하고만 일하고 있는 겁니다."

나의 단점을 보완해줄 파트너가 아니라 나의 무능을 눈치채지 못할 파트너만 골라 일하다 보면 어떻게 될까요? 모르는 부분이 많아져 자꾸 누군가에게 물어볼 수밖에 없는데, 정식으로 협조를 요청하면 왠지 나의 무능이 들통날 것만 같아 두렵고, 비공식적으로 편한 선배에게 충고를 구하자니 스스로가 초라하게 느껴집니다. 어느 쪽이든 자기에 대해 불만이 쌓일 수밖에 없습니다.

"이런 일이 반복되다 보니, 어느 때부터인가 제가 자신 없는 일을 다른 사람에게 맡기려고만 한다는 걸 알게 됐습니다. 남들은 모를 수도 있지만, 이런 점을 깨닫고 나니 저 스스로 너무 비참했어요."

그는 일의 주도권을 스스로 포기한 셈입니다. 그럴수록 자기가 무능하다는 인식은 점점 더 확고해진 것이고요. 이때부터는 걷잡을 수 없이 악순환이 심화됩니다.

이런 악순환을 끊으려면, 애초 왜 이런 문제가 생겼는지 거슬러 올라가 원인부터 제거해야 합니다. 즉, 무언가를 하면서 자꾸만 자신감이 사라지고 불편한 점이 느껴지면, 그것이 내가 정한 목표라는 점을 기억하고 스스로 더 큰 노력을 기울여야 하는 것입니다. 실패해도 다시 해보고, 또 해보고…. 타인에게 어느 정도 도움을 받을 수는 있겠지만, 완전히 그에게 내 일을 맡겨선 안 됩니다.

그렇게 해나가다 보면, 슬슬 자신감이 붙으면서 점점 더 상황을 이끌어나가고 스스로 결정하는 순간이 잦아집니다. 이렇게 주도권을 꽉 쥐게 되는 순간, 자기 자신이 더없이 자랑스러워집니다. 공고한 선순환이 시작되는 것이죠.

인내력이라는 재능

바로 앞에서 저는 "실패해도 다시 해보고, 또 해보고…"가 중요하다고 했습니다. 이것이 바로 '인내력'입니다. 인내력은 '근면'

과 '끈기'로 구분할 수 있습니다. 비슷한 말 같지만, 그 의미는 조금씩 다릅니다.

매일 정시에 출근해 정시에 퇴근하는 사람은 '근면'한 사람입니다. 직장 생활을 오래 한 분들의 경우, 기본적으로 근면한 편입니다. '끈기'는 한번 무언가를 할 때 열심히 하는 것을 의미합니다. 일단 시작한 일을 끝내기 위해 마지막까지 물고 늘어지는 사람은 끈기가 있는 사람입니다. 그러나 늦게까지 일한 다음 날 온종일 잠만 잔다면, 그는 끈기는 있지만 근면하진 않은 것입니다. 만약 어떤 사람이 매일 정해진 시간에 출근해 늦게까지 일한다면, 그는 근면한 동시에 끈기도 있는 거겠죠? 이러한 근면과 끈기에 야망까지 더해지면, 인내력은 정말로 강해집니다. 이 세 요소에 '완벽주의 성향'까지 있는 사람이라면 어떨까요? 세상에 그보다 강한 사람은 없을 것입니다.

세계적인 IT 기업 애플Apple의 CEO였던 스티브 잡스Steve Jobs 아시죠? 대부분의 사람들은 그를 창조성의 아이콘이나 강한 독불장군으로 기억하지만, 저는 잡스를 특징짓는 최고의 단어가 '인내력'이라고 생각합니다.

스티브 잡스가 맨 처음 애니메이션 스튜디오로 유명한 '픽사Pixar'를 인수했을 때, 그는 픽사에서 애니메이션 영화를 만들 생각이 전혀 없었다고 합니다. 픽사는 극히 정교한 이미지를 대량 저장할 수 있는 그래픽 전문 컴퓨터를 만드는 회사였고, 잡스는 오로지 이 이미지 컴퓨터를 팔아 수익을 올리려 했지만 결과는 형편없었죠. 원래 규모의 반으로 회사가 줄었고, 애니메이션을 만들 때 사용하는 소프트웨어 패키지인 '렌더맨RenderMan'을 팔아 그나마 운영을 이어가는 수준이었습니다. 그러던 중 홍보용 애니메이션 제작팀이 만든 단편 만화영화가 우연히 오스카상을 수상하면서, 이것이 그 유명한 〈토이 스토리Toy Story〉의 제작으로 이어져 회사는 대성공을 거둡니다.

천하의 스티브 잡스도 원래부터 대박 아이템인 〈토이 스토리〉를 구상했던 게 아닌 것입니다. 주어진 한계 상황에서 버티고 또 버티다 겨우 행운의 끈을 잡은 것이죠. 어디 픽사뿐이었을까요? 잡스는 애플에서 축출된 후, '넥스트NeXT'라는 컴퓨터 회사를 만들었습니다. 그런데 넥스트 역시 거의 10년 동안 제대로 된 성과를 내지 못했고, 잡스는 또다시 버티고 또 버텼습니다. 그러다 10년을 기다려 드디어 애플로 복귀하게 됐죠.

이쯤 되면, 인내력이야말로 스티브 잡스의 가장 위대한 재능이라고 할 수 있지 않을까요?

인내력은 어떤 점에서 기초 체력과도 같습니다. 아무리 다른 능력이 뛰어나더라도, 인내력이 바닥이면 아무것도 제대로 할 수 없습니다. 삶의 주도권을 잘 챙기고 싶다면, 우리가 해야 하는 가장 시급한 일은 바로 인내력을 키우는 것이라고 해도 과언이 아닙니다.

심지어 인내력이 강한 사람은 실패할 것이 뻔한 일에서도 어떻게 해서든 손해를 보지 않습니다. 끝없이 갈 수 있는 인내력만 있으면, 처음에는 잘못된 길로 들어섰더라도 언젠가는 제대로 된 길로 들어서게 될 테니까요.

'장애물을 대하는 나' 변화시키기

"나 공부하는데, 제발 TV 좀 꺼!"

학창 시절, 부모님이나 형제·자매에게 이렇게 짜증 부렸던 적 한 번쯤 있으시죠? 내가 공부 좀 해보겠다는데 공부보다 중요한 게 뭐가 있다고 이렇게들 협조를 안 해주는 건지, 과연 내 가족은 맞는 건지 의심스럽기까지 합니다.

그런데 이 말을 들은 가족 입장에서도 한번 생각해보세요. 그들 역시 나로 인해 방해를 받고 있다는 생각이 들지 않나요? 그들도 자기 입장에서는 정말 중요하거나 너무나 간절히 기다렸던 TV 프로그램을 보고 있는 건지도 모릅니다.

남 탓은 이제 그만

내 뜻대로 내 감정이든 공부든 일이든 끌어가고 싶다면, 나를 방해하는 대상을 통제해야겠다는 생각부터 버려야 합니다. 내가 의지대로 움직이지 않는 이유를 외부에서 찾는 한, 자기 주도적인 인생을 살아가기란 영원히 불가능할 것입니다.

제 이전 책에서도 몇 차례 소개한 심리학 개념이 있습니다. 바로 '자기 효능감 self-efficacy'입니다. 인간은 자신이 유능하다고 생각할 때 더 열심히, 더 잘 하게 마련입니다. 자신이 무능하다는 생각에 사로잡히면 게을러지고, 결과 역시 나쁠 수밖에 없죠. 내가 유능한 사람이라고 생각할 때 사는 것도 재미있습니다. 반면, 내가 무능한 사람이라는 생각에 사로잡힐 때 사는 것이 재미없어집니다.

그런데, 자기 효능감은 일이 잘 풀릴 때보다 일이 안 풀릴 때 더 중요합니다. 사방이 적으로 둘러싸인 것 같고, 온몸이 사슬에 매인 것 같고, 눈앞이 아득할 때 자기 효능감이 충분한 이는 자기 존중감을 유지할 수 있습니다. 똑같이 괴로운 상황에서도 자기 존중감이 높은 사람은 이렇게 생각합니다.

'생각보다 나쁘지 않았어. 다음에는 더 잘 될 거야.'

반면, 자기 존중감이 낮은 사람은 이렇게 생각하죠.

'끝장이야. 앞으로 더 엉망이 될 거야.'

자기 존중감에 영향을 주는 가장 중요한 요소가 주어진 상황에 대해 '외부에서 원인을 찾느냐, 내부에서 원인을 찾느냐'입니다. 문제가 발생했을 때 내부에서 원인을 찾는 성향을 '내적 통제Internal Locus of Control'라 하고 외부에서 원인을 찾는 성향을 '외적 통제Exterani Locus of Control'라고 합니다.

미국의 심리학자 줄리안 로터Julian B. Rotter에 따르면, 내적 통제를 하는 이들은 문제가 발생했을 때 더욱더 적극적으로 대처합니다. 자신의 능력을 향상시키고 노력을 더 하면, 문제를 해결할 수 있다고 믿죠. 그만큼 자기 효능감이 강하니, 자기 존중감도 높습니다. 반면 외적 통제를 하는 이들은 문제가 발생했을 때 자기 존중감이 낮아집니다. 나는 문제없다고 생각하기 때문에, 어떻게 하면 상대를 바꿀 수 있을까 생각합니다. 나는 아무 문제가 없고, 단지 일이 꼬였거나 재수가 없었다고 토로합니다.

외적 통제 성향이 있는 이들은 누군가를 원망하곤 합니다. 물론 그들도 아무 이유 없이 자기가 누군가를 미워한다고 인정하진 않아요. 다 이유가 있다고 말합니다. "상대가 나를 먼저 건드렸어요." "보이지 않는 곳에서 나를 험담했어요" 등등. 하지만 어느 한 사람과 문제가 해결되어도 잠시뿐입니다. 조금 있으면, 다른 누군가가 나를 성가시게 합니다. 이들은 걱정이 많습니다. 하지만 한 가지 문제가 해결되어도 잠시뿐이에요. 조금 있으면 다른 걱정거리가 생기죠.

심리적 장애물 무너뜨리기

나를 방해하는 대상을 없애는 것도 필요하긴 합니다. 아무리 노력해도 100미터 허들 세계 신기록이 그냥 100미터 육상 신기록보다 좋을 수 없는 걸 떠올리면 간단한 문제죠.

장애물에는 심리적인 장애물과 객관적인 장애물이 있습니다. 이 두 가지 장애물은 서로 상호작용을 하면서 우리 인생에 태클을 겁니다. 열심히 노력해도 장애물을 만날 때마다 하루, 며칠, 일주일, 때로는 수 주간 아무 일도 하지 못하게 됩니다. 그러다 보면 내 인생의 장애물이 너무 많다고 생각하면서 주저앉고 싶어집니다.

그런데 우리는 남의 마음을 바꿀 수 없습니다. 우리가 바꿀 수 있는 것은 오로지 나의 마음뿐입니다. 나의 마음이 바뀌면, 나의 행동이 바뀝니다. 그런데 나의 행동이 바뀌면, 나를 대하는 타인의 행동도 바뀝니다.

내가 불편하면 남이 편하고, 내가 편하면 남이 불편합니다. 자신이 불편하지 않기 위해서는 계속 나를 불편하게 해야 합니다. 내가 불편한 만큼 자신이 편해지기 때문입니다. 결국, 남을 불편하게 하는 행동을 해야 하는 것입니다. 물론, 남을 불편하게 하면 내 마음이 편치 않죠. 남을 불편하게 해도 견뎌낼 수 있는 마음이 되어야 남을 불편하게 할 수 있습니다. 즉, 객관적 장애물을 제거하기 위해서는 심리적 장애물을 제거해야 하는 것입니다.

이외에도 심리적 장애물은 또 있습니다. 다리에 부상을 입으면 아무리 뛰고 싶어도 뛸 수가 없듯이, 마음이 부러지면 아무것도 할 수가 없습니다. 남편과의 갈등, 아내와의 갈등, 부모와의 갈등, 자녀와의 갈등으로 상담 오는 이들이 있는데요. 그중에서는 우울증에 걸린 사람도 적지 않습니다. 그래서 우울증에 대한 약물 치료를 권하면 많은 이들이 거부감을 보입니다. 그런데 스스로 극복하기 위해 최선을 다했음에도 불구하고 점점 무기력이 심해지고 우유부단해지고 의욕 저하가 이어지면서 자신감도 떨어진다면, 그때는 우울증을 의심해봐야 합니다.

약을 먹고 나면 무기력이 개선되고 의욕 저하가 줄어든다는 것이 믿기지 않을 수도 있습니다. 하지만 적어도 70퍼센트의 환자들은 우울증 치료를 받으면, 한 달 안에 심한 무기력과 의욕 상실 상태에서 벗어난다는 통계가 있습니다. 다리가 부러지면 병원에 가서 깁스도 하고 수술도 해서 뼈를 다시 붙여야 하는 것처럼, 마음이 부러졌을 때도 치료해서 마음을 다시 붙여야 하는 것입니다. 그래야 최소한의 인생 주도권을 챙길 수 있습니다.

게다가 우울해지면, 타인에게 만만한 사람이 되기 쉽습니다. 만만해지면 사람들이 나를 방해해도 대항하지 못합니다. 나의 우울증이 낫고 마음이 강해지면, 이전에는 내 말을 흘려듣던 이들도 내 이야기에 귀를 기울입니다. 심지어 더 작은 목소리로 말하는데도, 상대가 나를 무시하지 못합니다.

마음의 성장이 중요한 이유

왠지 모르게 카리스마가 느껴지는 사람들이 있습니다. 목소리가 큰 것도 아니고 말이 많은 것도 아니고 화를 내는 것도 아니지만, 그 사람이 뭐라고 하면 그 말을 들어야 할 것만 같습니다. 반대로 어떤 사람은 목소리도 크고 나름대로 논리적으로 말하고 때때로 가만히 있지 않겠다고 험한 말을 하기도 하지만, 그 사람이 말을 하면 '그러다 말겠거니' 하는 생각이 듭니다. 그 사람이 뭐라고 하건 주위에서는 신경도 쓰지 않습니다. 그렇기 때문에 그 사람은 자신이 더욱 징징대고, 짜증 내고, 화를 내야 사람들이 자기 말을 들을 것 같다고 느낍니다. 하지만 그 사람이 난리를 칠수록 사람들은 더 이상하게 여길 뿐입니다.

장애물을 제거하고 싶으면, 우선 내가 강해져야 합니다. 약한 상태에서 여기저기 싸움을 걸어봐야 소용이 없습니다. 한두 사람 정도는 이길 수 있을지 모르지만, 결국 지게 마련입니다. 약한 상태에서 장애물을 일일이 제거하려고 해도 한계가 있습니다. 두세 개 제거하고 나면, 기운이 없어 자빠지죠. 결국 나를 더 강하게 하는 것이 우선입니다.

"도대체, 나에게 바꿀 수 있는 부분이 하나라도 있긴 한가요?"

이런 말을 하며 답답해하는 분들의 목소리가 들리는 듯합니다. 저는 '바꿀 수 있다'고 말씀드리고 싶습니다.

우리의 마음은 어떤 점에서 도자기와 같습니다. 한번 구워진 항아리의 모양을 마음대로 바꿀 수는 없습니다. 자칫 잘못했다간 항아리가 깨지거나 망가질 테니까요. 하지만 항아리에 무엇을 담을지는 지금의 내가 결정할 수 있습니다.

맑은 물을 계속 담다 보면 항아리는 더욱 깨끗해지고 맑아질 것이고, 된장을 계속 담다 보면 된장 냄새와 색깔이 배게 될 것이고, 술을 계속 담다 보면 술 냄새가 밸 것입니다. 무엇을 담느냐에 따라서 항아리의 미래가 결정됩니다. 하지만 나의 육체와 영혼을 무엇으로 채울 수 있는가는 내가 결정할 수 있는 것입니다. 내가 바뀌면, 장애물도 더는 장애물이 아니게 됩니다.

키가 1미터도 채 안 되는 아이가 자신의 키보다 더 깊은 물에 빠지면 위험합니다. 잘못하면 숨이 막혀 죽을지도 모르죠. 하지만 다 큰 어른에게는 1미터의 물이 전혀 위험하지 않습니다. 재미있게 물놀이를 하기에 딱 좋은 깊이입니다. 어렸을 때는 위험했던 물도 나이가 들면 하나도 위험하지 않게 느껴집니다. 마음도 마찬가지입니다. 나의 마음이 성장하면 지금은 장애로 느껴지는 것이 장애로 느껴지지 않게 됩니다. 지금은 신경 쓰이는 것이 더는 신경 쓰이지 않게 됩니다.

그런데 아이건 어른이건 수영을 할 줄 알게 되면, 물이 깊어도 걱정이 안 됩니다. '깊은 물'이라는 장애물에 대처하는 데는 두

가지 방법이 있습니다. 하나는 물을 모두 퍼내서 없애건 다리를 만들건 상황을 바꿔 대처하는 것입니다. 그것은 외적 통제에 해당됩니다.

그런데 수영을 배워서 유유히 물을 건넌다면, 그것은 내적 통제에 해당됩니다. 물은 계속 같은 자리에 있지만, '수영'이라는 물에 대처하는 능력이 생기면서 물이 장애물에서 놀이 대상으로 바뀌어버린 것입니다. 인생의 장애물에 대처할 때도 마찬가지입니다. 장애물을 제거하는 것도 중요하지만, 장애물을 대하는 나를 변화시키는 것도 그에 못지않게 중요합니다.

자기 변화를 위한 생활 공간

예전에 "항상 마음 한구석이 텅 빈 것 같다. 누구도 그 마음을 채워주지 못한다"고 쓸쓸히 말하던 한 내담자가 있었습니다. 그는 여러 번 자살 시도를 했습니다. 그러다 보니, 그가 사랑하는 사람도 자살을 시도했죠. '내가 죽는 것은 괜찮다. 하지만 나로 인해 다른 사람이 죽는 일이 있어선 안 된다'고 생각한 그는 모든 것을 내려놓고 절에 들어갔습니다. 그 후, 평정심을 되찾고 끌려다니는 삶에서 끌어가는 삶으로 스스로의 인생을 완전히 탈바꿈시켰습니다.

그의 사례는 상당히 극적이지만, 사실 종교를 통해 자신의 인생을 완전히 리셋하는 분들이 적지 않습니다. 물론 자기 혁명의 수단이 종교만은 아니지만, 종교는 자기 혁명을 이루는 가장 강력한 계기가 될 수 있습니다.

변화에는 생활 공간이 필요하다

요즘에는 신앙심을 가진 사람도 있고, 신앙심이 없는 사람도 있습니다. 하지만 불교, 유교, 이슬람교 같은 새로운 종교가 창시되던 당시에는 무신론자가 거의 없었습니다. 다만, 신을 믿는 방식이 조금씩 달랐을 뿐이죠. 그렇다 보니, 당시에는 새로운 삶의 양식을 꿈꾸는 것이 자동적으로 새로운 종교를 실천하는 것을 의미했습니다.

개인의 삶이 송두리째 흔들리는 시기가 있었습니다. 공자가 살던 시기의 중국이 그러했고, 붓다가 살던 시기의 인도, 마호메트가 살던 시기의 중동이 그러했습니다. 이때 어떤 사람이 나타나 세상을 바라보는 혁명적인 시선, 세상을 살아가는 혁명적인 태도를 설파했습니다. 삶의 바른 길을 모색하던 이들이 이러한 혁명적인 사고방식을 접하게 되면서, 그와 뜻을 함께 하게 됩니다. 이로써 공자, 붓다, 마호메트와 함께 생각하고, 함께 먹고, 함께 생활하는 이들이 생겨나게 됐습니다.

공자는 제자들과 함께 유랑했습니다. 그들은 사상의 공동체였습니다. 붓다도 깨달음을 얻은 후에는 출가한 이들과 함께했습니다. 그들이 머물던 종교 공동체가 사찰의 시작이었습니다. 마호메트도 메카에서 탈출할 때, 뜻을 같이하던 이들과 함께였습니다. 새로운 종교는 곧 그 시대의 혁명이었던 셈입니다.

우리 마음속에 만들어진 자기 도식, 고정관념, 자기 소모적인 습관, 패배적 태도를 혼자서 깨부순다는 것은 결코 쉽지 않은 일입니다. 그래서 우리에게는 함께할 동료가 필요합니다. 그러한 동료들로 이루어진 집단에 속하게 되면, 가치관이 바뀌고 생각도 바뀌고 태도도 바뀌고 생활 습관도 바뀝니다. 한마디로, 사람이 변화하는 것입니다.

종교는 변화를 위한 가치관, 옆에서 용기를 주는 사람들, 신념을 강화시키는 반복적 행위와 의식儀式, 이 모든 것이 이루어질 수 있는 물질적 장소를 제공해줍니다. 종교를 믿지 않더라도 이 모든 것을 동시에 충족시킬 수 있는 누군가, 무언가, 어딘가가 있어야 자기 변화가 가능합니다.

어떤 사람이 매일 다이어트를 하는 것이 너무 괴로웠습니다. 그런데 하루는 간디의 전기를 읽다가, 영국에 유학을 간 간디가 채식주의자들을 만나면서 '소고기를 먹지 않겠다'는 자신의 신념을 지킨 이야기를 보게 되었습니다. 그녀는 문득 이런 생각이 들었습니다.

'다이어트를 하려면, 어차피 채소를 먹어야 해. 그렇담, 앞으로 채식주의자가 되면 어떨까?'

그래서 그녀는 채식주의자들을 찾아보기로 결심하고 그들과 만나기 시작했습니다.

그전에 다이어트를 하는 사람들을 만날 때는 항상 마음이 편하지 않았습니다. 스스로가 너무 외모 지상주의에 빠진 것처럼 느껴졌기 때문입니다. 이런 마음이다 보니, 다이어트에 관심 있는 이들과 얘기를 할 때도 공감을 하는 한편 '왠지 저 사람처럼 되고 싶지 않다'는 생각이 들었고, '그러나 결국 저들과 난 다를 바 없어'란 생각에 괴롭기 짝이 없었습니다.

그런데 채식주의자 모임에 가면서부터는 전혀 그렇지 않았습니다. 채식주의자 모임의 리더를 보면서 '저 사람처럼 되고 싶다'는 생각을 하게 됐습니다. 과거에는 내 몸 하나에만 관심이 있었지만, 채식주의라는 가치관을 받아들인 후부터 인생이 완전히 바뀌어버린 것입니다. 이제 그녀에게 다이어트는 고역이 아닙니다.

"나의 신념을 실천하기 위해 고기를 먹지 않는 것뿐이고, 다이어트는 그로 인해 얻는 부수적인 효과일 뿐"이라고 그녀는 말합니다.

그녀에게는 채식주의 모임이 일종의 '종교' 역할을 한 셈입니다. 심리학자 쿠르트 레빈 Kurt Zadek Lewin 의 용어를 빌리면, 그녀에게 채식주의 모임은 자기 변화를 위한 '생활 공간 Life Space'이었습니다.

자기 독립의 4단계 과정

변화를 위한 가치관, 옆에서 용기를 주는 사람들, 신념을 강화시키는 반복적 행위와 의식, 이 모든 것이 이루어질 수 있는 생활 공간이 확보된다면, 여러분은 다음의 네 가지 단계를 거쳐 변화될 수 있습니다.

1단계: 동조 Conformity

특정인이나 집단으로부터 실제적인 압력 혹은 가상의 압력을 받아 자신의 행동이나 의견을 바꾸는 것을 의미합니다.

2단계: 순종 Compliance

보상을 얻고 처벌을 피하려는 욕구로 인해 집단에 순종합니다. 보상의 약속이나 처벌의 위협이 존재하는 동안만 지속됩니다. 체포되면 순종이 중단됩니다.

3단계: 동일시 Identification

자신에게 영향을 주는 사람과 같아지고 싶어 합니다. 자신이 동일시하는 존재와 관계를 유지하기 위해 특정 행동을 합니다. 어떤 가치관을 강력하게 믿지 않았더라도 점차 그것을 받아들이게 됩니다. 개인이나 집단으로부터의 영향을 인정하려 하고, 그들과 유사한 가치관과 태도를 가지려고 합니다. 순종과 같이 보상을 얻거나 처벌을 피하기 위해서가 아니라 단지 개인이나 집단이 좋아서 행동합니다.

자기 변화의 이론적 근거가 되는 사상과 자신의 가치관, 자기 변화 지도자와 자신을 동일시합니다. 자신과 같은 처지이면서 박해받는 이와 자신을 동일시하면서 소외를 극복합니다. 동일시로 인해 나의 개인적 존재 가치가 소멸되면서 더욱 큰 집단 의미에 융합됩니다.

이러한 자기 변화에 대해 주위에서 부정적인 반응을 보여도 흔들리지 않습니다. 주위 사람들의 부정적 반응이 격렬할수록 자신의 변화가 성공적이었다고 생각합니다. 가족이 되었건 친구가 되었건, 알고 지내던 이들이 "너, 왜 이렇게 바뀌었냐?"라고 할수록 변화가 더 효과적이라고 인식합니다. 그들이 불쌍하다는 반응을 보이면, 오히려 그들을 불쌍하게 봅니다. 그들이 설득하면 할수록 나의 의지는 더 강해집니다.

4단계: 내재화 Internalization

사회적 영향에 대한 가장 지속적이고 뿌리 깊은 반응입니다. 특정 신념을 내재화하려는 동기는 올바른 사람이 되려는 욕구입니다. 신념에 대한 보상은 내면적입니다. 영향 주는 사람이 믿을 만하고 훌륭한 판단력을 가지고 있는 것으로 인식된다면, 그가 주장하는 신념을 받아들이고 가치 체계 속으로 통합합니다. 일단 이것이 자신의 신념 체계의 일부가 되면, 그것의 원천과는 독립적인 관계를 갖게 되면서 변화에 매우 강한 저항력을 지니게 됩니다.

동일시 효과는 개인의 변덕에 의해 아직 사라질 가능성이 있습니다. 소위 전문가나 믿을 만한 사람이 확고한 반론을 제기하면, 신념이 바뀔 수 있는 것이죠. 반면, 내재화는 사회적 영향에 대하여 가장 오랫동안 지속되는 반응입니다. 올바른 사람이 되고자 하는 동기는 강력하고도 자발적인 힘이기 때문입니다. 순종처럼 보상이나 처벌을 이용해 지속적으로 감시하지 않아도 되며, 동일시처럼 어느 개인이나 집단을 계속해서 존경하지 않아도 되기 때문입니다.

지금과는 다른 사람이 되어 진정한 자기 독립을 이루고 싶은가요? 그렇다면, 이와 같은 4단계를 두루 거쳐야 합니다.

결정 장애에서 벗어나려면

요즘 들어 젊은이들의 SNS 사용이 폭발적으로 늘면서, 사소한 고민마저도 SNS에 올린 후 답변을 받아 해결하는 양상이 두드러지고 있습니다. 한번은 이에 대해 생각이 많아졌다는 사람을 만났습니다.

"저는 어려서부터 소심한 성격이었어요. 사람 만나는 것이 불편해서, 일부러 커뮤니티가 별로 없는 직종을 택해 일하고 있습니다. 그렇다 보니, 익명으로 대화를 나눌 수 있고 의견을 밝힐 수 있는 SNS가 편해요. 그래서 고민이 있거나 궁금한 게 있으면, 자연스럽게 포털 사이트 질문 게시판이나 활동하는 카페에 글을 올려 해결하곤 합니다. 뭐, 친구 결혼식 때 입고 갈 옷을 골라달라는 사소한 글도 종종 올리고요. 그런데 어느 날 문득 생각해보니, 그런 제가 상당히 의존적으로 여겨졌어요. 전 아무래도 주체적인 사람이 아닌 것 같아요."

어떻게 될지 몰라 불안해요

사람 만나는 것을 불편해하는 이들은 의외로 많습니다. 이들은 회식도 싫어하고 낯선 사람들과 어울리는 것도 좋아하지 않습니다. 억지로 타인과 어울리려 해도 잘 안 됩니다. 그렇다면, 일부러 애쓸 필요 없이, 몇 안 되더라도 좋아하는 사람들과 어울리면 그만입니다.

그리고 무언가를 결정할 때 타인의 의견을 고려한다는 것은 그만큼 신중하다는 것을 의미합니다. 따라서 이 경우, 본인이 주체적이지 않다고 고민할 필요까진 없겠죠.

오히려 정말 문제가 되는 것은 무언가를 결정하려 할 때 이러지도 저러지도 못하는 분들입니다. 이렇게 우물쭈물하다 보면,

결국 상황에 끌려가거나 타인의 말에 따라 행동하게 됩니다. 내 삶의 무대를 타인에게 내어주는 꼴이 되는 것입니다.

왜 이런 일이 생기는 걸까요?

먼저, 생각해볼 수 있는 가능성은 불안해서 결정하지 못하는 경우입니다. 불안의 이유는 대체로 '불확실성'입니다. 결정을 내렸을 때 결과가 잘못될까 봐 두려운 것입니다. 빨리 결혼을 하고 싶다고 말하면서도 막상 결혼할지 말지 결정은 쉽게 내리지 못하는 분들이 많습니다. 특히나 본인의 부모가 평생 싸우는 걸 보며 자란 사람들은 과연 자기가 행복한 가정을 꾸릴 수 있을까, 내 아이가 나처럼 불행해지는 건 아닐까 하는 두려움에 사로잡혀 사랑하는 사람이 있어도 선뜻 결혼 결심을 하지 못하곤 합니다.

하지만 결과가 어찌 될지 알 수 없는 문제에 대해서는, 결과를 계산해보지 않고 판단을 하는 편이 더 현명합니다. 그저 지금 이 순간, 내가 가장 원하는 것이 무엇인가를 고려해 결정을 내려야 한다는 말입니다.

'해도 후회, 안 해도 후회'라는 말이 있죠? 그렇다면, 일단 해보는 게 후회를 줄이는 방법 아닐까요? 적어도 해보겠다는 결심만큼은 내가 주도적으로 한 것이니, 그에 따른 결과가 좋지 않더라도 '내 책임이야'라고 납득하면서 깔끔하게 털어낼 수 있을 것입니다. 그러나 그냥 기회를 넘기고 난 다음에는, '그때 해봤다면 어뗐을까' 하고 계속해서 후회하며 한 발짝도 앞으로 나아가지 못할 것입니다.

어느 것 하나 놓치고 싶지 않아요

결정 장애를 갖게 되는 또 다른 이유는 강박적인 습성 때문입니다. 한 가지를 결정하면 다른 한 가지를 내려놓아야 하는데, 강박적인 사람들은 항상 두세 가지 선택지를 놓고 고민합니다.

"저는 밥 한 끼를 먹더라도 좋은 데 가서 잘 먹고 싶어요. 그렇다 보니 메뉴, 인테리어, 분위기까지 다 따져가며 식당을 찾아요. 그렇게 해서 두세 군데로 추린 다음, 상대 취향이나 그날의 기분을 고려해 한 군데를 선택하곤 해요. 한번은 엄청 추운 날에 여자친구랑 식당을 찾느라 한 시간 넘게 거리를 헤맸어요. 그랬더니 여자친구가 정색을 하면서 저를 이상한 사람 취급하는 거예요. 그래서 정말 제게 문제가 있는 건지 궁금해 병원에 찾아왔어요."

그는 제게 하소연을 하더니, 이내 노트를 하나 펼쳐 보여주었습니다.

"이게 뭐죠?"

"데이트 장소에 대해 기록해둔 거예요. 교통편, 메뉴, 가격, 품질, 서비스, 인테리어 같은 정보를 정리한 건데요. 매번 데이트를 할 때마다 그날그날 여자친구에게 보여주고 허락을 받은 다음 데이트를 해요."

어떤 사람은 이런 그가 조금 과하다는 생각도 가질 수 있을 텐데요. 그의 입장에서는 어떤 식당도 완벽하지 않아 고민일 수밖에 없습니다.

하지만, 사실 문제는 '대상'이 아닙니다. '내 마음'이죠. 그가 지금 당장 해야 할 일은 식당 보고서를 여자친구에게 보여주는 것이 아니라, 자기 자신이 문제라는 점을 인정하는 것입니다. 그다음에는 내가 현재 상황에서 가장 좋아하는 것을 선택하고, 이후 그것이 마음에 안 들면 그만두면 됩니다. 그리고 또다시 선택하면 되고요.

참고로, 남자들은 흔히 자기가 모든 걸 결정해야 여자친구도 좋아할 거라고 생각하곤 하는데요. 이는 사람 성격에 따른 것일 뿐이지 성별로 가늠할 일이 아닙니다. 어떤 여자는 자기가 결정을 내려야 좋아하고, 어떤 여자는 무엇을 어디에서 먹을지 아예 신경을 쓰지 않습니다. 그러니, 각자 커플의 사정에 따라 한 사람이 다른 사람에게 완전히 결정을 맡기는 것도 좋은 방법 중 하나입니다.

아무런 의욕이 없네요

마지막으로, 무기력한 것 역시 결정 장애의 중요한 이유가 될 수 있습니다. 자동차 연료가 떨어지면, 아무리 좋은 길이 눈앞에 있어도 제대로 굴러갈 수 없으니까요.

취업 준비생에게서 이런 상황을 자주 보게 됩니다. 대학 때부터 봉사활동이나 인턴십 등 다양한 경험을 쌓는다 하더라도 막상 제대로 된 직장을 잡을 기회가 제한적이다 보니, 반복되는 실패에 에너지가 바닥이 되는 것이죠.

최근 저를 찾아온 한 내담자도 다음과 같은 이야기를 들려주었습니다.

"저는 대학교 때 언론사에서 인턴을 한 적이 있어요. 실무를 해보니 저와 잘 맞지 않았어요. 그래서 곧바로 대기업 취업 준비를 했는데, 매번 면접에서 떨어지니 의욕을 잃게 되더라고요. 결국 포기하고, 이런저런 자격증을 따서 일자리 알아보고 공무원 시험도 보고 했는데, 역시 결과는 다 실패였어요. 제가 인내심이 없는 것일 수도 있지만, 매번 실패를 하게 되니 저 자신에게도 실망하게 되고, 이제 아무것도 하기가 싫어요."

계속 무언가를 시도하는 것은 그 자체만으로 가치 있는 일입니다. 나에게 무엇이 잘 맞을지는 해보지 않곤 알 수 없는 법이니까요. 일단 해보다가 아니면 다른 것을 해도 됩니다. 그렇게 계속 무언가를 하다 보면, 힘들더라도 포기하고 싶지 않은 일이 생깁니다. 그러면 열심히 하게 될 것입니다.

인간은 잘하는 것을 열심히 하게 마련입니다. 그런 것이 생길 때까지 계속 도전하는 것은 나쁜 일이 아닙니다.

다만, '내가 재미있어하는 것, 내가 잘하는 것이 있음에도 불구하고 계속 다른 것을 찾아 헤매는 건 아닐까' 하는 질문을 한 번쯤 스스로에게 던져볼 필요는 있습니다. 남들 보기에 그럴듯한 것을 해야만 한다는 강박관념에 시달리고 있는 건 아닌지, 부모와 주위의 기대를 저버리지 못해 계속 허덕이는 건 아닌지 말입니다. 그렇게 남의 기대, 남의 시선을 의식하면서 선택하다 보면 비록 결정을 내렸다 해도 그 결정이 오래가지 못합니다. 내가 진정 좋아하는 것이 아니기 때문입니다.

문제는, 저를 찾아온 내담자처럼 계속되는 시도에 지쳐 무기력증에 빠진 이들입니다. 이럴 때는 반드시 누군가의 도움을 받아야만 합니다. 만약 의욕이 없고, 짜증 나고, 사람도 만나기 싫고, 눕고만 싶고, 잠도 잘 오지 않는다면, 우울증일 가능성이 큽니다. 이런 증상에 시달리는 분들은 우울증 치료를 받아야 합니다. 우선 이 증상에서 벗어나야 힘을 내어 다음 단계로 나아갈 수 있습니다.

자기 독립적으로
생각하는 법

지금까지 남의 눈치를 보며 끌려다니는 삶을 살던 사람이 '자기 독립 선언'을 할 때, 가장 큰 변화가 필요한 부분은 '생각'입니다. 한마디로, 자기 독립적으로 생각하는 사람이 되어야 한다는 것입니다. 생각이 바뀌지 않으면, 당연히 행동도 그대로일 테니까요.

어떻게 하면 자기 독립적으로 생각할 수 있을까요? 단순하게 생각해보세요. 그렇습니다, 타인과 일정 부분 거리를 두어야 합니다.

만원 지하철을 타게 되면, 엄청나게 많은 사람들 무리에 휩쓸려 내 목적지가 아닌 곳에서 강제로 하차하게 되는 경우가 종종 있습니다. 우리 마음도 마찬가지입니다. 엄청나게 많은 사람들과 이야기를 나누다 보면, 나도 모르는 사이에 그들의 생각에 휩쓸리게 마련입니다. 평소 아무렇지 않게 생각했던 친구에 대해 다른 친구들이 뒷담화를 하는 걸 들으면, '아, 걔가 좀 그런 면이 있지' 하는 생각이 들면서 어느새 그 친구에 대해 거부감이 들기 시작하는 것도 이런 이치에서입니다.

4의 법칙을 아시나요?

사람은 누구나 대인관계 능력에 한계가 있습니다. 누군가와 관계를 맺는다는 것은 단지 그 사람의 이름을 외운다는 것 이상의 의미를 지닙니다. 그 사람에 대한 생각, 감정을 기억하고 관리해야 합니다. 한 사람과 관계를 유지하기 위해서는 뇌가 그만큼 작용해야 하는 것입니다.

과학자들은 인간이 한 사람과 관계를 유지하는 데 필요한 뇌의 용량을 가늠했습니다. 그러고는 그 용량을 분자, 뇌 전체를 분모로 놓고 계산을 해보았습니다. 그러자 다음과 같은 결과가 도출되었습니다.

$$\text{뇌 전체 용량} \div \text{사람 1명과 관계를 유지하는 데 필요한 뇌 용량} \approx 150$$

즉, 인간이 직접적으로 의미 있는 관계를 유지할 수 있는 대상의 수는 150명 내외입니다. 사람이 처음 취업해서 직장에 적응하다 보면, 가족이건 연인이건 친구건 소원해지는 사람이 생기는 것도 이런 이유에서입니다. 의사들 역시 인턴이나 레지던트 시절, 상당수가 여자친구와 헤어지곤 합니다. 단지 시간이 없어서가 아닙니다. 대인관계를 유지한다는 것 자체가 힘들어서입니다. 특히, 가뜩이나 바쁜데 거기에 나를 괴롭히는 누군가까지 생기면, 그로 인해 사랑하는 사람과 헤어지는 일이 부지기수로 발생합니다. 뇌 속에 한 사람이 들어오면, 다른 한 사람이 빠져나가야 하는 것입니다.

게다가 우리가 한 번에 대화를 나눌 수 있는 사람의 수는 대부분 4명을 넘지 못합니다. 이를 '4의 법칙'이라고 합니다. 4명 이상과 동시에 대화를 한다는 것은 사실상 불가능합니다. 식당에 4인 테이블이 많은 것도 이런 이유에서입니다. 4명 이상이 한 테이블에 있으면, 의사소통을 하기 위해 억지로 귀 기울여야 하고, 목소리를 높여야 합니다. 4명 이상의 사람들이 내놓는 각기 다른 의견들을 듣는 순간 혼란스러워질 뿐입니다.

너무 많은 사람과 가까운 관계를 유지하려고 애쓰지 마세요. 한때 아주 가깝게 지내던 사람과 시간이 지나 만날 수 있는 기회가 줄어들면서 멀어지는 일은 살아가며 우리가 겪는 아주 자연스러운 일 중 하나입니다. 그 모든 관계를 꾸준히 이어가려고 노력했다간 정말 중요한 곳에 쓸 에너지가 남아나지 않습니다. 무엇보다, 그들의 많은 이야기를 들으며 점점 더 혼란에 빠지게 되고, 결국에는 내 중심을 잡는 것이 점점 더 힘들어질 수 있습니다.

내가 내린 결정의 힘

한스 안데르센 Hans Christian Andersen의 동화 《벌거벗은 임금님 The Emperor's New Clothes》에 대해 한 번쯤 들어보셨을 것입니다. 거짓말쟁이 재봉사와 그의 친구가 임금님에게 세상에서 가장 훌륭한 옷을 지어주겠다고 하고는, "어리석은 사람에게는 이 옷이 보이지 않는다"고 하면서 임금님을 벌거벗은 채 행진하게 하는 내용입니다. 이때 임금님 본인은 물론 신하들 중 그 누구도 임금님이 아무런 옷도 걸치지 않았다는 사실을 입 밖에 내지 않습니다. 자신의 어리석음이 탄로 날까 봐 두려웠기 때문이죠.

살다 보면, 누가 봐도 "저건 아닌데…" 싶은 일들이 있습니다. 그러나 모두가 그게 맞다고 하면 어쩔 수 없이 동조하고 목소리를 낮춥니다. 혹은 "아, 원래 저게 맞았나?" 하는 착각을 하기도 하고요. 하지만 그렇게 남을 따라가기만 하는 게 능사일까요? 그랬다가 문제가 발생하면 "어쩐지 이상하더라니" 하고 무릎을 치며, 나와 상관없다는 식으로 비겁하게 반응하진 않았나요?

만약 조금이라도 의아한 느낌이 든다면, 그때는 다른 사람들에게 묻지 말고 본인이 직접 상황을 파악해야 합니다. 현장을 찾아 관련자에게 확인해야 하는 거죠. 이를 과학 연구에서는 '로 데이터The Raw Data를 확인한다'고 말합니다. '로Raw'는 '날 것'이라는 의미를 가지고 있습니다. 따라서 로 데이터는 통계 처리를 하기 이전의 자료를 의미하죠. 자기 독립적으로 생각하기 위해서는 조금만 이상해도 로 데이터를 접하는 습관을 지녀야 합니다.

이 세상은 너무 복잡해서, 모든 상황을 내가 일일이 확인할 수는 없습니다. 그렇다 보니, 우리는 사람들이 어떻게 하는지를 보고, 사람들이 어떻게 얘기하는지를 들으면서 정보를 얻는 경우가 많습니다. 문제는, 그러다 보면 남의 생각이 나의 생각이 되면서 자기 독립적으로 생각할 수 없게 된다는 사실입니다.

인생을 살다 보면, 그 결정이 옳은지 틀린지보다 더 중요한 것이 그 결정의 선택 과정인 경우가 있습니다. 이렇게 결정해도 힘

	올바른 선택	잘못된 선택
내가 내린 결정	끝까지 포기하지 않아서 좋은 결과를 얻어낸다.	중간에 힘들더라도 포기하지 않는다. 그러다 보면 처음에는 잘못된 선택이었지만, 과정 중에서 수정한다. 처음에 예상한 방향은 아니지만, 포기하지 않고 계속 하다 보면 의미 있는 결과로 이어진다.
남이 내린 결정	설혹 올바른 선택일지라도 중간에 너무 힘들면 포기하게 된다. 내가 결정한 것이 아니라 남이 결정한 것이기에.	처음부터 전혀 하고 싶지 않다. 의욕이 없다. 어떻게든 빨리 빠져나오고 싶다.

들고, 저렇게 결정해도 힘든 경우 말이죠. 이때 그냥 내 의견 없이 남이 하자는 대로 결정하면, 아무리 그 선택이 올바르더라도 중간에 포기할 가능성이 큽니다. 반면, 내가 심사숙고해서 결정을 내렸다면, 설혹 그 선택이 잘못되었을지라도 포기하지 않고 버티게 됩니다. 그렇게 버티다 보면, 예상 외로 일이 풀려나갈 때가 많고요. 잘된 결정이라고 해서 꼭 지키게 되고, 잘못된 선택이라고 해서 중간에 버리게 되는 것이 아니라는 사실을 기억할 필요가 있습니다. 내가 얼마나 고민했는지 여부가 때로는 더 중요한 것입니다.

자기 독립적으로 살기 위해서는 자신의 의견이 필요합니다. 그러기 위해서는 정보를 차단한 채로, 혼자서 탐색하고 혼자서 고민하고 혼자서 결정하는 것이 필요합니다. 그럴 때 온전한 내 결정이 됩니다. 때로는 그 결정이 맞을 수도 있고, 때로는 그 결정이 틀릴 수도 있겠죠. 하지만 틀리더라도 내 결정일 때는 무너지지 않는 법입니다.

4장

자신 있게, 공중 동작

: 온갖 장애물을 뒤로하고

사소한 말 한마디에 상처받아요

2015년 저는 《작은 상처가 더 아프다》라는 책을 펴낸 바 있습니다. 내담자들과 대화를 나누다 보면, 엄청나게 큰 사건으로 인해 받은 상처도 상처지만, 그냥 사소한 말 한마디 한마디가 쌓여 나중에는 심하게 짓물렀다고 말하는 이들을 많이 볼 수 있었습니다. 일상에서 받는 작은 상처를 그때그때 제대로 치유해야 하는데, 가볍게 넘기는 분들이 안타까워 그 책을 쓰게 된 것이었습니다.

작은 상처가 무서운 이유는 이것이 우리가 앞으로 나아가는 데 일종의 작은 갈고리처럼 작용할 수 있기 때문입니다. 내가 들었던 사소한 말 한마디, 상대의 희미한 표정 하나가 자꾸만 머릿속에 맴돌면서, 정작 해야 할 일을 하기 위해 한걸음을 내디디려고 할 때 내 발을 갈고리로 잡아당기듯 꽉 잡고 놓아주지 않는 것입니다.

상처는 혼자 사라지지 않는다

이렇게 작은 상처를 잘 받는 분들은 대체로 성격이 소심한 편입니다. 한번은 자기가 너무 상처를 잘 받아서 고민이라는 사람을 만난 적이 있습니다.

"사람들이 조금이라도 저에 대해 부정적인 이야기를 하면 너무 심하게 상처를 받아요. '넌 얼굴에 싫어하는 게 다 드러나'라든가 '요즘 살 좀 찐 거 같네?' 같은 외모 지적하는 말들도 너무 신경 쓰이고요. 얼마 전에는 '주말에도 회사에 나오고, 남자친구랑 헤어진 거야?'라는 말을 들었는데, 제 사생활에 왜 간섭하려 하는 건지 이해할 수가 없었어요. 제일 참기 힘든 건, 제가 한 업무에 대해 인신공격성 비난을 퍼부어대는 사람들이에요. 어제는 팀장이 '일을 이따위로 하고서 치장할 정신은 있나 보지? 화장할 시간에 보고서나 제대로 쓰라고!'라는 말을 하는데, 저도 모르게 자리를 박차고 나올 뻔했어요."

그녀는 자신의 가족이나 친구들은 본인의 소심한 성격을 알고 있어서 어느 정도 말조심을 한다고 했습니다. 그래도 간혹 그들이 말실수를 할 때는 편한 사이이다 보니, 본인도 조금은 표현을 할 수 있다고요. 문제는 상사나 동료를 비롯한 회사 사람들이었습니다.

"그런 상처 주는 말을 들었을 때 차라리 그 자리에서 속 시원하게 반박할 수 있으면 좋겠지만, 제 성격상 그건 힘들 것 같아요. 그런 말을 들어도 툭툭 털어낼 수 있는 사람이 되고 싶은데, 어떻게 마인드 컨트롤을 하면 될까요?"

응급실에 가서 보면 모두 자기가 제일 아프다고 생각하고, 자기부터 치료해달라고 이야기를 합니다. 의사 입장에서는 목숨이 위중한 환자부터 먼저 치료해야 하고, 손이 찢어진 것 같은 경상 환자는 나중에 치료하는 것이 맞습니다. 하지만 손이 찢어진 이에게는 자신이 아픈 것이 가장 중요합니다. 작은 고통일지라도 내가 느낄 때는 상당한 아픔이 되고, 큰 고통일지라도 타인의 고통은 직접적으로 느낄 수 없는 게 정상입니다.

다들 남의 이야기를 들을 때는 "사소한 일이니까 신경 끄면 되잖아"라고 말하지만, 막상 내가 같은 일을 당하게 되면 몇 날 며칠 밤을 지새우기도 합니다. 결국, 상처받는 말을 들어도 툭툭 털어낼 수 있는 사람이란 애초 이 세상에 존재하지 않는 것입니다.

상처 주는 사람 통제하기

나에게 상처 주는 사람은 가급적 만나지 않는 것이 최선의 방책입니다. 친구란 즐겁기 위해 만나는 것입니다. 나에게 상처 주는 말을 하는 이는 친구가 아닙니다. 그런 친구가 나오는 모임에도 나갈 필요 없습니다. 가족이라도 나에게 상처를 준다면, 멀리해야 합니다. 그래서 성인이 되면 집을 떠나 독립해야 하는 것입니다.

더 열심히 일하고 지출을 줄여서 돈을 모은 후, 원룸이라도 얻어 집에서 나와 살아야 합니다. 직장에서 누군가가 나를 괴롭힌다면, 실력을 갖춘 후 더 나은 회사로 옮겨야 합니다. 월급은 적고 일은 많은 회사의 경우, 사람들이 누군가에게 화풀이를 하는 일이 잦습니다. 스트레스가 심할 수밖에 없으니까요. 그러나 월급 많고 대우 좋고 일은 적당한 직장일수록, 사람들이 마음에 여유가 있어 누군가를 심하게 괴롭히는 일이 상대적으로 적을 수밖에 없습니다.

물론 나에게 상처 주는 대상을 어쩔 수 없이 만나야 하는 경우도 적지 않습니다. 그렇다면, 가급적 마주치는 횟수를 줄이고 잠시만 만나는 것이 방법입니다. 그리고 마주쳤을 때, 상대가 나에게 보이는 반응을 어느 선까지는 통제할 수 있어야 합니다. 어떻게 통제할 수 있을까요?

첫째, 무반응으로 일관하기. 사람들이 누군가를 놀리는 것은 상대의 반응이 재미있기 때문입니다. 내가 진짜 싸늘하게 무반응으로 나가면, 대부분의 사람은 머쓱해하면서 다시는 얘기를 꺼내지 못할 것입니다. 나에게 심한 말을 하는 상사에게도 같은 방법을 적용할 수 있습니다. 내 잘못이 아닌데도 내 잘못인 것처럼 불쾌하게 말하는 상사에게는 "죄송합니다"라든가 "앞으로 조심하겠습니다"와 같이 대꾸하지 않고 무반응으로 일관하는 것입니다. 내가 말을 하지 않으면, 보통 상대는 화를 내다가도 침묵이 불편해 우물쭈물하며 이야기를 짧게 끝내게 됩니다.

둘째, 정색하기. '나는 그런 말을 듣는 것이 매우 불쾌하다. 다시는 그런 얘기를 하지 않았으면 좋겠다'는 메시지를 표정으로 보여주는 것입니다. 기분 나쁜 이야기를 들었을 때 당황하거나 안절부절못하는 기색을 드러내면, 상대는 더 강하게 나올 가능성이 큽니다. 이때 말을 하기 힘들다면, 표정으로라도 분명하게 내 의사를 밝히고 내가 만만치 않은 사람이라는 인상을 남겨야 합니다. 막상 상대 앞에서 그런 표정을 짓는 것이 힘들다면, 시뮬레이션을 해보세요. 빈 의자에 상대가 앉아 있다고 생각하고 연습을 해보는 겁니다.

세 번째, 맞대응하기. 직장 상사에게는 쉽지 않겠지만, 친구나 가족에게는 충분히 가능한 방법입니다. 누가 나의 외모를 문제 삼으면, 나도 상대의 외모를 문제 삼는 겁니다. 상대가 나에게 뚱뚱하다고 하면, 나는 상대에게 "너는 피부가 그게 뭐니?" 하고 쏘아붙이는 식이죠. 상대가 반박하려고 하면, 내 할 말만 하고 일어납니다. 이 '눈에는 눈, 이에는 이' 전략이 사실 도덕적으로 옳거나 훌륭한 방법이라고 할 수는 없습니다. 그러나 나를 괴롭히면 자신도 괴로워진다는 것을 상대에게 알려주기 위해, 너무 힘들 때 한 번 정도 사용하면 효과가 있습니다.

네 번째, 심하게 화내기. 견디다 못해 미친 듯이 화를 내는 사람을 본 적 있으시죠? 그다음에 어떻게 되던가요? 십중팔구, 상대는 그를 함부로 건드리지 못합니다. 약자가 궁지에 몰렸을 때, 그야말로 살기 위해 쓰는 방법입니다.

세상에 공짜란 없다

앞서 말씀드린 방법은 지금 당장 너무 힘들 때 쓸 수 있는 응급 처방 같은 것입니다. 하지만 가장 근본적인 해법은 내가 남이 우습게 보지 못할 만한 존재로 물리적·정신적 성장을 하는 것입니다.

만약 나 없이는 회사일이 돌아가지 못할 만큼 내가 일을 능숙하게 처리하는 사람이라면, 상사가 인신공격을 해대며 감히 나를 함부로 대할 수 있을까요? 아마 내가 회사를 그만둘까 봐 전전긍긍하며 오히려 내 눈치를 살피게 될 것입니다. 내가 대학을 나오지 않았다고 무시하던 친척이, 나중에 내가 크게 성공하면 어떻게 말하고 행동할까요? 대학 이야기는 어느샌가 쑥 들어가지 않을까요? 그 키로 어떻게 농구를 하려고 하느냐고 비웃던 사람들은요? 내가 훌륭한 농구 선수로 성장하면, 언제 그랬냐는 듯이 나를 칭찬하고 있을 겁니다. 심지어 예전에는 사람들이 무시하던 내 약한 부분, 즉 '작은 키'가 어느새 나의 매력 포인트로 둔갑할 수도 있습니다.

물리적·정신적 성장을 하기 위해서는 많은 시간과 노력이 필요합니다. 세상에 공짜란 없습니다. 내 삶을 진두지휘하는 멋진 선장이 되는 데 그만한 시간과 노력을 들이지 않을 수는 없지 않을까요?

 '열심히 하지 않는 삶, 흘러가는 대로 사는 삶'이란 목표를 이루는 데도 역설적으로 정말 치열한 노력이 필요한 이유가 여기에 있습니다. 남의 이야기에 흔들리지 않고 내 갈 길을 가려면, 그만큼 나에 대한 자신감이 있어야 하는 것입니다.

걱정이 너무 많아 걱정

'램프 증후군Lamp Syndrome'이란 말을 들어보신 적 있나요?

《아라비안 나이트Alf laylah wa laylah》 중 〈알라딘과 이상한 램프〉에 등장하는 요정 지니의 램프가 환상을 현실로 만들었던 것에 빗댄 용어로, 일어나지도 않을 일에 대해 계속해서 걱정하는 증상을 일컫는 것입니다. 최근 이렇게 걱정이 너무 많아 걱정이라는 이들이 늘고 있습니다.

그런데 걱정이 꼭 나쁜 것만은 아닙니다. 인간은 걱정을 할 수 있기에 위험에 대비하고 미리 조심할 수도 있거든요. 걱정이 너무 없는 사람을 떠올려보세요. 더 큰 문제 아닌가요? 무조건 잘될 거라고 생각하며 일을 벌이다 망하기도 하고, '시간 나면 해야지' 하면서 일을 미루다가 제때 끝내지 못해 주변에 피해를 주기도 하고.

문제는, 걱정이 너무 과할 때입니다. 걱정거리가 너무 많으면, 신경이 분산되면서 정작 중요한 일이 있을 때 그에 적절하게 대비하지 못하게 됩니다. 걱정에 사로잡혀 우왕좌왕하다가 자꾸 실수를 저지르게 되고, 그러다 보면 우려했던 일이 현실로 나타나기도 하죠.

더군다나 통상적으로 걱정하지 않아도 되는 일에 대해 지나치게 몰두하는 경우, 불안에 사로잡혀 살아도 사는 것 같지 않게 됩니다. 이런 경우를 정신진단명으로는 '범불안장애 Generalized Anxiety Disorder'라고 합니다. 범불안장애라는 덫에 걸려들면, 인생이 그 자리에 '일단 멈춤' 할 수밖에 없습니다.

나는 왜 걱정이 많을까?

이렇게 걱정이 많은 데는 몇 가지 요인이 작용합니다.

우선, 타고난 기질을 무시할 수 없습니다. 우리 뇌에는 공포를 관할하는 '편도'라는 부위가 있습니다. 예민한 편도를 지닌 이들은 작은 일에도 불안해합니다. 무언가를 계획하고 실행하는 일은 주로 '전두엽'에서 행하죠. 생각은 많고 결정은 잘 내리지 못하는 성향을 지닌 경우, 편도와 전두엽이 다른 사람과 다를 수 있습니다.

자라난 환경도 무시할 수 없습니다. 어려서 가정 폭력에 노출되어 두려움에 떨었던 경험이 있거나 사고로 인해 갑작스럽게 부모를 잃은 사람은 성장한 후에도 작은 일에 심하게 불안해할 수 있습니다. 성인이 되어서도 절도나 상해 같은 범죄로 인해 피해를 본 적 있는 사람은 '자라 보고 놀란 가슴 솥뚜껑 보고도 놀란다'고 걱정이 더 심할 수밖에 없죠. 현재의 상황도 중요한 변수입니다. 처한 상황으로 인한 스트레스가 심할수록 걱정의 크기도 더해집니다.

램프 증후군이 있는 당사자들은 외부적인 요인 때문에 자신이 걱정을 하게 된다고 생각합니다. 하지만 어떤 일이 예민한 누군가에게는 걱정거리가 되고, 무딘 누군가에게는 걱정거리가 되지 않을 수 있습니다. 똑같은 일이라도 내가 여러 가지 일로 힘들 때는 걱정거리가 되고, 다른 일들이 잘 풀릴 때는 걱정거리로 여겨지지 않습니다. 따라서 걱정을 덜 하기 위해서는 상황을 해결하기 위해 노력도 해야 하지만, 자신의 마음도 일정 부분 고쳐먹어야 합니다.

내 안의 걱정을 잠재우려면

걱정하는 마음을 잠재우려면, 어떻게 해야 할까요?

가장 먼저 할 일은 걱정을 불러일으키는 내 마음을 바라보는 것입니다.

강박증이 있으면, 조금만 지저분한 것을 접해도 감염이 될까 봐 손을 씻고 또 씻게 됩니다. 집에 손님 초대라도 한 날에는, 손님들이 가고 난 다음 밤새 쓸고 닦을 생각에 걱정이 앞섭니다. 공황장애가 있는 사람은 급한 일이 있어서 뛰어가다 조금만 숨이 차도 다시 공황발작이 올까 봐 걱정합니다. 폐쇄 공포증이 있는 사람은 엘리베이터를 탈 생각만 하면, 비행 공포증이 있는 사람은 해외여행을 떠날 생각만 하면, 걱정이 가시질 않습니다. 우울증에 빠지면, 만사를 비관적으로 보게 되고 사업이 부도날까 봐, 시험에 실패할까 봐, 사람들이 나를 싫어할까 봐 끊임없이 걱정하게 됩니다.

그렇다 보니, 걱정을 불러일으키는 대상을 가급적 피하고자 합니다. 그러나 내 마음이 문제일 때는 아무리 피한다 해도 끝이 없습니다. 피하면 피할수록 나는 더욱 왜소해지고 약해집니다. 때문에 과거에는 견딜 만했던 걱정거리가 점점 더 큰 걱정거리로 느껴집니다.

결국, 걱정거리를 탓하기 전에 "지금부터 더는 물러나지 않겠다"라고 단호하게 선포해야 합니다. 그러려면 내 마음을 똑바로 바라보는 것이 무엇보다 중요합니다. 내 마음이 왜 지금 이런 것인지 이해하려고 노력하면서, 내가 어떤 상태인지 분명하게 알아차려야 합니다.

다음으로 해야 할 일은 걱정을 부채질하는 감정을 조절하는 것입니다.

방금 전까지 부모님이 아프셔서, 자식이 공부를 못해서, 괴롭히는 사람이 있어서 걱정이 되었더라도 로또복권에 당첨됐다는 사실을 알게 되면 그 순간 모든 걱정이 사라집니다. 하지만 반대의 경우도 있습니다. 병원에서 병이 있다고 진단받으면, 그동안 '어떻게 잘 되겠거니' 하면서 견뎌냈던 일들이 한꺼번에 걱정거리로 밀려옵니다.

걱정을 더욱 가중시키는 감정 중 하나가 바로 패배에 대한 두려움입니다. 과거에 무언가를 시도했다가 실패한 경험이 있으면, 준비에 준비를 했음에도 불구하고 일이 꼬일까 봐 걱정이 앞서게 마련입니다. 각각의 걱정거리들에 대해 어떻게 대처할지 지나치게 꼼꼼히 준비하느라 오히려 일을 망치기도 합니다. 결단해야 할 때 우유부단하게 걱정만 하다가 기회를 놓치고 마는 것입니다. 따라서 패배에 대한 두려움 자체를 조절할 수 있어야 일이 진행됩니다.

내가 무언가를 해도 상황은 변하지 않을 것이라는 절망감에 사로잡히면, 아무것도 행동하지 않으면서 걱정만 하게 됩니다. 내가 어떻게 행동하느냐에 따라 상황도 변하고 상대의 반응도 변하게 마련인데, 아무것도 하지 않으면 지금 상황이 이어집니다. 걱정이 계속될 수밖에 없죠. 이럴 때는 절망감 자체를 떨쳐내는 것이 중요합니다. 즉, 걱정을 더욱 심하게 만드는 슬픔, 분노, 짜증, 외로움, 억울함, 배신감, 굴욕감, 당혹스러움 같은 부정적인 감정을 조절해야 합니다.

부정적 감정을 조절하는 가장 좋은 방법은 감정을 수치화하는 것입니다. 내 감정이 어느 정도인지 0~10까지의 숫자로 점수를 매겨보면, 내 감정이 객관화되면서 좀 더 내 내면을 냉정하게 바라볼 수 있습니다. 이외에도 감정 조절 방법을 다룬 책들은 시중에 많이 나와 있으니, 참고해보셔도 좋겠습니다.

다음으로 해야 할 일은 상황을 바꾸기 위해서 노력하는 것입니다.

직장을 다니는데 언제 해고될지 몰라 걱정이라면, 직장을 그만두더라도 언제든 다른 일을 찾을 수 있도록 미리미리 준비를 해야 합니다. 자격증도 따고, 인맥도 만들어놔야겠죠. 과중한 업무로 인해 도대체 이 일을 다 할 수 있을까 걱정이 앞선다면, 자신에게 주어지는 일을 줄이는 방법을 찾아봐야 합니다. 물론 일이 줄어들면 수입도 줄어들기 쉬우므로, 이에 따라 지출을 줄이는 등 준비를 해야 할 것입니다. 건강이 걱정된다면 술을 줄이고, 담배를 끊고, 암 검진을 주기적으로 받고, 만성질환에 대해 꾸준히 치료제를 복용해야 합니다. 아무런 노력도 하지 않은 채 걱정만 줄어들길 바랄 수는 없는 노릇인 것입니다.

마지막으로 해야 할 일은 걱정의 원인이 되는 누군가와 심리적 거리를 두는 것입니다.

끝없이 주위 사람들을 걱정하게 만드는 인간이 있습니다. 그는 가족일 수도, 친구일 수도, 직장 동료일 수도 있죠. 나에 대해 걱정돼서 해주는 말이라곤 하지만, 결과적으로 내 약점을 들추고 내가 추구하는 일이 실패할 것이라는 암시를 주는 이들도 있습니다. 이렇듯 내 걱정을 부추기는 주변 사람들을 멀리해야 합니다. 이들은 의식적으로건, 무의식적으로건 나의 불행을 원하는 이들입니다.

아울러 계속 문제를 일으켜서 내 걱정거리가 되는 사람도 있습니다. 계속해서 사고를 치는 자식의 뒤를 봐주느라 심신이 피폐해진 부모들을 보면 정말 마음이 아픕니다. 부모가 사고를 다 수습해주고 정신적·물질적으로 끊임없이 도움을 주는 한, 자식은 바뀌지 않습니다. 이제, 자식을 걱정하는 대신 자식이 자기 일을 전적으로 책임지게 해야 합니다. 형제도, 친구도, 동료도 마찬가지입니다. 계속 나를 이용하고 나에게 피해 주는 사람과는 적당한 거리를 두어야 합니다.

인간은 누구나 걱정 없이 살고 싶어 합니다. 하지만 걱정이 끊이지 않는 게 우리 인생입니다. 좀 괜찮은가 싶다가도, 잊을 만하면 꼭 골치 아픈 일이 생깁니다.

그런데 남의 입장에서 한번 나를 바라보세요. 남의 걱정 이야기를 듣다 보면, 상대가 참 별것 아닌 일에 전전긍긍하는 것처럼 보이지 않던가요? 하지만 같은 일이 내게 발생했다면, 나는 그보다 더 걱정에 휩싸였을지도 모릅니다. 나는 늘 세상에서 내 걱정이 제일 큰 것만 같거든요. 이를 뒤집어 말하면, 남들 보기에는 아무 걱정 없이 사는 것 같은 사람도 사실은 다 걱정거리 하나쯤 지니고 있다는 뜻이 됩니다.

걱정을 끌어안고서도 버티는 것은 아무나 할 수 있는 일이 아닙니다. 책임감이 있어야 가능한 일이죠. 내일은 오늘과 다를 것이라는 희망도 있어야 하고요. 아무리 힘든 일도 언젠가는 끝날 거라 믿는 지혜도 있어야 할 것입니다. 따라서 걱정을 한아름 안고서도 꾸역꾸역 오늘을 살아가는 여러분은 대단한 사람입니다.

　오늘 여러분을 사로잡는 걱정거리도 시간이 지나고 나면, 아무것도 아닌 일로 생각될 것입니다. 걱정을 버텨내다 보면, 나도 모르는 사이에 걱정을 이겨나가는 맷집이 생기게 마련이니까요. 그리고 이 정도의 여유와 그릇이 되었을 때, 여러분은 비로소 온전한 자기 인생을 제대로 경험할 수 있습니다.

실수는 극복하면 되는 것

살다 보면 누구나 실수를 합니다. 때로는 그 실수가 인생의 방향을 돌려놓을 만큼 거대한 것일 때도 있지만, 사실 자잘한 실수는 우리가 거의 매일의 일상에서 저지를 수 있는 것들입니다.

그런데 같은 실수를 하고 나서도 사람들의 반응은 그야말로 천차만별입니다.

"그럴 수도 있지. 다음에 더 잘 하면 되지, 뭐."

"어떻게 이런 실수를 할 수가 있지? 난 정말 구제불능이야."

여러분은 어느 쪽에 속하나요? 의외로 자기 실수에 쿨한 사람이 많지 않습니다. 많은 이들이 실수나 실패 한 번에 마치 세상이 끝난 것 같은 기분을 느끼곤 합니다. 이는 우리가 인생을 성큼성큼 걸어가는 데 종종 걸림돌로 작용합니다.

스스로를 위로하지 못하는 사람들

실수를 저지르고 나서 그 사실을 확대 해석하는 이들이 흔히 범하는 오류가 있습니다. '과일반화 Overgeneralization'입니다. 어쩌다 한 번 실수를 했을 뿐인데, 정작 본인은 자기가 항상 실수만 저지른다고 생각하는 것입니다. 이들은 자기가 잘 했던 것은 다 잊어먹습니다.

'선택적 추상화 Selective Abstraction' 역시 문제입니다. 모든 일에는 잘한 부분이 있고 잘못한 부분이 있게 마련입니다. 100퍼센트 잘한 일도, 100퍼센트 못한 일도 없습니다. 그런데 어떤 일에서 내가 실수한 부분만 기억하고, 내가 잘 한 부분은 잊어먹는 것입니다.

결과적으로 실패를 했더라도 일하는 도중에는 즐거울 수 있습니다. 그런데 실수를 저지르고 나서 세상이 끝난 것처럼 절망하는 이들은 과정 중에 즐거운 일들을 모두 잊어먹고, 결과만 가지고 자신을 탓합니다.

이들을 보면, '스스로를 위로하는 힘'이 약한 경우가 많습니다. 앞서 지적했듯이, 실수를 하거나 실패를 했을 때 "그래도 이 정도면 괜찮아" "다음에는 잘 될 거야"라고 하면서 스스로를 위로하는 이들이 있는가 하면, 자기 자신을 패배자로 낙인 찍는 이들도 있습니다.

고통을 견뎌내는 힘은 어떤 점에서 타고난 성격의 한 측면입니다. 그런데 걱정 많고 신경질적인 성향이 있는 아이가 야단을 많이 치는 무섭고 냉정한 부모 밑에서 자라다 보면, 그런 성향이 더욱 강화됩니다. 그러다 보면 비난받지 않기 위해 완벽주의자가 되기도 합니다. 완벽주의자들은 자기 자신을 지나칠 정도로 인색하게 평가하는 경향이 있어서, 사소한 실수에도 더욱더 민감하게 반응합니다.

게다가 상황이 안 좋아서 지금 아니면 더는 기회가 찾아오지 않을 것 같다는 절박함에 시달리다 보면, 실수나 실패를 했을 때 삶 전체가 무너진 것같이 절망하게 될 수 있습니다.

냉정한 비판보다 따뜻한 위로를

이럴 때는 부정적인 생각이 지속되는 것을 막아야 합니다.

하지만 그게 어디 쉬운 일인가요. '부정적인 생각을 그만해야지'라고 생각하는 순간, 부정적인 생각은 꼬리에 꼬리를 물고 내 머릿속을 가득 채우게 마련입니다. 생각하지 않으려고 하면 할수록 자꾸 더 생각하게 되는 이유는, '생각하지 말자'는 생각 자체가 일종의 '집중하는 행위'이기 때문입니다.

억지로 실수를 잊으려 하기보다는 그냥 내가 좋아하는 것을 하며 시간을 보내는 편이 낫습니다. 아무리 큰 실수도 시간이 지나다 보면 잊히게 마련이죠. 시간이 약이라고 생각하면서, 내가 좋아하는 것을 하며 참아내는 수밖에 도리가 없습니다. 휴가라도 내어 며칠 머리를 식히고 나면, 훨씬 더 마음이 편해질 것입니다.

그리고 스스로를 위로하는 힘이 약한 사람일수록 나를 비난하는 사람을 피하고 따뜻하게 위로해주는 사람을 만나야 합니다.

"다 너 잘 되라고 하는 얘기야."

세상에는 꼭 이렇게 마음을 후벼 파는 말을 하는 이들이 있습니다. 남을 비난하면서 자신은 비판을 할 뿐이라고, 잔소리를 하면서 충고를 하는 것이라고 착각하는 이들입니다.

이들의 말을 듣다 보면, 내가 진짜 바보 같은 실수를 한 것 같습니다. 이들은 누군가가 실수를 저지르거나 실패를 했을 때 우월감을 느낍니다. 때로는 그 우월감을 유지하기 위해 타인의 사소한 실수에 대해서도 엄청난 실수인 것처럼 호들갑을 떨며 상황을 부풀리기도 합니다. 절대 이들에게 걸려들면 안 됩니다.

나를 사랑하는 사람, 나를 아껴주는 사람의 위로만큼 힘이 되는 것은 없습니다. 소심하고 겁 많은 이들일수록 실수나 실패에 민감하게 마련인데요. 이들은 혹시 누가 나한테 뭐라고 할까 봐 힘든 일도 숨기곤 합니다. 하지만 그렇게 자꾸 안에서 삭이기만 하다 보면, 마음이 더 멍들고 상하게 마련입니다. 진짜 믿을 수 있는 친구나 지인에게 자신의 부끄러운 실수나 실패를 털어놓고 충분히 위로받으세요. 위로는 정말로 강력한 힘을 발휘하니까요.

실수는 결국 잊히게 마련

간혹 실수를 저지른 후에 바닥에 떨어진 자기 평판을 끌어올리는 방법에 대해 묻는 이들이 있습니다. 마음을 다독이고 나면, 현실적인 문제들이 눈에 보이게 마련이거든요.

평판이라는 것은 내가 만들 수 있는 것이 아닙니다. 남이 느끼는 것이죠. 나는 실수라고 생각하지만, 남들은 눈치도 채지 못하고 있을 수도 있어요. 그런 경우 실수를 만회하기 위해 자칫 오버하는 이들이 있는데, 남들은 이를 더욱 어색하게 느낄 수도 있습니다. 따라서 남들도 그 일을 실수라고 인식하고 있을지 생각해 봐야 합니다. 아무도 나에게 실수했다고 말하지 않으면, 실수가 아닌 것입니다. 이때는 그냥 하던 대로 아무 일 없다는 듯이 행동하면 됩니다.

설혹 내가 실수를 했다 하더라도 억지로 평판을 끌어올리기 위해 노력할 필요는 없습니다. 같은 실수를 되풀이하지 않으려고 노력하는 것만으로 족합니다. 친구가 되었건 직장 동료가 되었건, 내 주변에서 누군가가 10년 전쯤 저지른 실수를 하나 떠올려보세요. 아마 별로 떠오르는 것이 없을 것입니다. 그렇다면, 누군가가 5년 전쯤 저지른 실수를 하나 떠올려보세요. 그 역시 별로 떠오르는 것이 없을 것입니다. 어쩌면 1년 전쯤 저지른 실수 정도는 떠올릴 수 있을지 모릅니다. 하지만 그렇더라도 대수롭게 여겨지지 않을 것입니다.

사람들은 생각보다 남에게 그다지 신경을 쓰지 않습니다. 같은 실수를 반복적으로 하지 않는 이상, 어지간한 실수는 자연스럽게 잊히게 마련입니다. 사실, 같은 실수를 1년에 한두 번쯤 하는 것 정도는 평판에 큰 영향을 끼치지 않습니다.

그런데, 아무리 내가 노력해도 반복적으로 저지르게 되는 실수가 있다면, 어떻게 해야 할까요? 어쩌면 그런 실수는 나의 천성과 관련된 것일 수도 있습니다. 천성은 바꾸기 어렵습니다. 이럴 때는 그 부분을 포기하고, 내가 잘하는 것에 집중하면 됩니다.

발표할 때는 항상 실수를 하지만 고객을 잘 대해 매출을 제일 많이 올리는 직원이 있습니다. 그가 아무리 발표를 못 해도 회사는 그를 무시하지 못할 것입니다. 그렇다면, 그는 발표할 때 실수하지 않으려고 노력하느니, 매출을 더 올리는 쪽으로 노력하는 것이 나은 것입니다.

단점을 없애기 위해 필요 이상으로 노력하지 마세요. 그 노력으로 장점을 살리는 데 주력하는 것이 내 인생에 훨씬 도움 되는 일입니다.

약속하지 말 것, 거절할 것

인간에게는 한번 약속을 하면 어떻게 해서든 지키고 싶어 하는 심리가 있습니다. 일관성을 지키고 싶기 때문입니다.

"그때는 그랬지만, 지금은 마음이 바뀌었어."

이렇게 툭툭 털고 일어나고 싶은데, 그것이 쉽지 않습니다. 그러다 보니, 약속을 하는 것이 나중에는 굴레가 되기 십상입니다.

그렇다고 거절하는 것이 쉽나요? 그런 사람도 있겠지만, 보통은 누군가가 자꾸 부탁을 하고 이를 반복해서 거절하다 보면, 나중에는 도리어 내가 미안해지게 마련입니다. 그러다 그것이 굴레가 되어 인생이 꼬이는 일이 다반사죠.

내가 내 발목을 잡는 순간

내가 독립적으로 살아가는 데 있어 처음부터 장벽이 존재하는 경우가 있습니다. 집안 형편이 어려운 것, 통제하고 간섭하는 부모를 만난 것, 열심히 공부했음에도 불구하고 성적이 안 나와서 좋은 대학에 들어가지 못한 것, 키가 작은 것, 뚱뚱한 것……. 모두 어쩔 수 없는 핸디캡들입니다. 이런 핸디캡은 내가 만든 것이 아니라, 주어진 것입니다.

이와 달리, 내가 한 약속으로 인해 스스로 발등을 찍는 경우 또한 의외로 엄청 많습니다. 누가 내 목에 칼을 들이댄 것도, 내 머리에 총을 들이댄 것도 아닌데, 내 인생의 방해물을 나 스스로 만드는 것이 바로 해선 안 되는 약속을 하는 것입니다. 더불어, 들어줘선 안 될 부탁을 마지못해 받아들이는 것 역시 스스로 발등을 찍는 짓입니다.

새로운 일을 벌여서 쟁취하는 것에는 항상 실패할 위험이 동반됩니다. 실패를 하면, 그간 쏟아부은 시간과 노력이 헛수고가 되죠. 빚이라도 지게 되면, 그 빚을 갚기 위해 엄청난 시간과 노력을 들여야 합니다. 실패한 데서 오는 자괴감을 극복하는 데도 상당한 시간이 필요하고요. 하지만 불필요한 약속을 하지 않는 것, 부적절한 부탁을 거절하는 데는 돈도, 시간도 들지 않습니다. 그저 약간의 용기만 있으면 됩니다. 무언가를 시도해 인생을 주도적으로 살기에 앞서, 약속 안 하고 부탁 거절하는 것이 우선인 이유입니다.

많은 약속들 가운데 가장 우리의 발목을 잡는 것은 무엇일까요? 아마도 결혼 약속일 것입니다. 부부 상담을 하다 보면, 불행한 결혼 때문에 후회하는 이들을 정말 많이 보게 됩니다. 아무 문제도 없이 행복하게 살던 이들이 불륜이나 외도로 인해 갑자기 곤란해지는 경우도 있습니다. 이들 중에는 간혹 이렇게 말하는 이들이 있습니다.

"어차피 이렇게 될 줄 알았어요."

결혼하는 시점부터 본인의 결혼이 문제라는 것을 알았다는 것입니다. 실제로 가정불화에 시달리는 많은 커플들은 결혼 전에 이미 자신들의 관계에 문제가 있다는 것을 알아챕니다. 앞으로 계속 둘이 함께하면 불행할 가능성이 크다는 것을 알면서도, 설마 하며 결혼을 강행하는 것입니다.

연애 초기에는 상대를 완전히 파악하기가 어렵습니다. 상대도 결혼이 결정되고 안심하게 되기까지는 말이나 행동거지를 조심합니다. 그러다 모든 것이 결정되고 난 다음에는 술주정이 되었건, 과소비가 되었건 문제가 드러납니다. '이 사람과 결혼하면, 이 문제로 고생하겠구나' 하는 생각이 들지만, 이제 와서 파혼을 할 수도 없어 어쩔 수 없이 결혼하고 맙니다. 심지어 결혼할 마음 자체가 없으면서 결혼하는 사람도 있습니다. 부모가 눈치를 줘서 혹은 부모의 강요로 인해 끌려가듯이 결혼합니다. 결혼식 전날까지도 '없던 일로 할까, 말까' 망설이지만, 이미 청첩장까지 돌린 마당에 파혼을 하면 너무 큰 망신이겠다 싶어 그냥 눈 딱 감고 식장에 들어가죠. 그 결과는 재앙에 가깝습니다.

친구 사이도 크게 다르지 않습니다. 매번 곤란한 부탁을 하는 친구가 있습니다. 나는 이런 친구가 원망스럽습니다. 하지만 입장을 바꿔놓고 생각해보세요. 친구 입장에서는 부탁만 하면 들어주는 나 같은 친구가 있어서 얼마나 좋겠습니까? 이렇게 말만 하면 다 들어주는데, 나라도 부탁을 하고 싶지 않을까요? 부탁을 하는 것은 우리 모두가 가진 권리입니다. 하지만 우리에게는 마찬가지로 '거절할 권리' 또한 있다는 것을 잊어선 안 됩니다.

상대의 페이스에 말린 결과

인간에게는 이기적인 본능도 있지만, 동시에 순응적인 본능도 있습니다. 생물학자 리처드 도킨스Clinton Richard Dawkins의 저서 《이기적 유전자The Selfish Gene》에 반대해 과학 저술가 매트 리들리Matt Ridley가 《이타적 유전자The Orgins of virtue》라는 책을 펴낸 것도 이런 이유에서였습니다. 당장 내게 큰 피해를 주는 일만 아니면, 누군가의 요구에 대해서 일단 "알았어"라고 대답하는 것이 우리의 습성입니다.

상대의 부탁을 거절하면, 관계가 불편해질 것입니다. 게다가 우리는 누군가의 미움을 받는 것을 두려워합니다. 그렇다 보니 싫어도 그냥 "알았어"라고 대답합니다.

그런데 그 틈을 파고들어 와서는, 내가 한 마디 한 것에 대해 "네가 지난번에 그렇게 약속했잖아"라고 으름장을 놓으며 밀어붙이는 이들이 있습니다. 상대가 "약속"이란 단어를 써가며 우기니, 나도 왠지 약속을 한 것 같습니다. 일단 그렇게 상대의 페이스에 말리기 시작하면, 거기서 빠져나오기가 쉽지 않습니다.

		상대의 생각	
		명시적 약속	암묵적 약속
나의 생각	명시적 약속	나도 약속으로 여기고, 상대도 약속으로 여긴다.	나는 약속을 했다고 생각한다. 하지만 상대는 그냥 생각만 했다고 여긴다. 나중에 분쟁이 발생할 여지가 있다.
	암묵적 약속	나는 그냥 지나가는 말로 "알았다"고 했는데, 상대는 "약속을 하지 않았느냐"고 따진다. 이때는 "난 약속으로 생각하지 않았다"고 분명히 밝혀야 한다. 그렇지 않으면, 나중에 더욱 곤란해진다.	서로 눈치만 보다가 흐지부지된다. 상대에게 기대하지 않는 것이 상책이다.

상대가 부탁을 할 때, 무언가 낌새가 이상할 때가 있습니다. 그런데 약속을 하고 발을 들여놓으면, 나중에 취소하기가 쉽지 않습니다. 만약 나를 이용할 생각이었다는 것을 나중에 알아챘다면, 오히려 취소하기 쉽습니다. 취소할 명분도 뚜렷한 데다, 대부분의 사람들은 자기가 당했다는 생각을 하면 화가 나서 단숨에 부탁도 거절하고, 약속도 깨기 마련이니까요.

문제는, 상대도 좋은 의도를 가지고 있을 때입니다. 어떤 친구가 처음에는 분명 갚을 생각을 갖고 나에게 돈을 빌립니다. 그러다가 일이 안 풀려서 내게 돈을 못 갚을 형편이 되면, 결과적으로 그 친구는 내게 사기를 친 셈이 됩니다.

사실, 나는 처음부터 그 친구가 잘 안 될 수도 있겠다, 생각했습니다. 그러나 안 된다는 말을 하자니 마음이 불편해 돈을 빌려주었습니다. 그러다 막상 돈을 못 받는 상황이 되니까 스스로가 바보 같다는 생각이 들면서 마음이 더 불편해진 것입니다.

이런 일이 아니었다면, 그 시간에 나는 내가 좋아하는 사람들과 좋아하는 일을 하며 즐거운 시간을 보낼 수 있었을 겁니다. 그러나 이런 일에 얽히게 되면서 내 일상의 주도권이 어디론가 사라져버렸습니다. 짜증 나는 상황에 매여 짜증 나는 일만 생각하며 살아가게 된 것입니다.

내가 내린 결정의 힘

만약 거절을 해야만 하는 상황이라면, 처음부터 확실하게 잘라야 합니다. 상대는 나의 '암묵적 약속'을 '명시적 약속'으로 오해할 수 있습니다. 그렇게 되면, 나중에 더 복잡한 상황에 휘말릴 수 있습니다.

또 어쩔 수 없이 한 번 부탁을 들어주면, 나에 대한 상대의 기대치는 더 올라갈 밖에 없습니다. 이후부터는 점점 상대의 요구가 많아질 것입니다. 심지어, 내가 부탁을 들어주는 것을 당연하게 여기고, 나중에는 고마워하는 눈치조차 사라지고 맙니다. 심지어는 내가 부탁을 들어주지 않으면, 나에게 서운해하는 지경에 이르게 되겠죠.

시간이 지나 그 사람 얼굴만 떠올려도, 목소리만 들어도 지긋지긋해지는 시점에 이르면, 나에 대한 상대의 기대치는 한정 없이 올라간 상태가 됐을 것입니다. 견디다 못해 그때 거절을 하면, "이제 와서 어떻게 하라는 것이냐"면서 오히려 난리를 피울 것이 분명합니다.

어떠세요, 제가 지금까지 한 이야기를 듣고 떠오르는 사람이 1명쯤 있지 않나요? 우리 주변에는 이렇듯 언제나 부탁만 하고 다니며 분란을 일으키는 구성원이 언제나 존재하게 마련입니다. 그런 이들을 보며 떠올린 교훈이 분명히 있을 것입니다. '처음부터 거절해야 합니다.'

나중에 거절하게 되면, 상대는 자신이 거절당한 것에 대해 원망만 할 뿐입니다. 내가 지금까지 부탁을 들어준 것, 약속을 지킨 것에 대해서는 까맣게 잊어먹고 말이죠. 인간은 남에게 미안해하는 마음처럼 거북하게 여기는 것이 없습니다. 그동안 내가 100번 부탁을 들어주고 100번 약속을 지켰더라도, 가장 중요할 때 자신을 도와주지 않았다고 하면서 그간 잘해준 것을 깔끔하게 잊어먹는 것이 인간 심리입니다. 조금 불편하지만, 우리가 분명히 인식해야 하는 진실이죠.

"부모·자식 사이에 이 정도는 해줘야 하는 것 아니에요?"

이런 말을 들으면 이렇게 말하세요.

"부모·자식 사이에 이 정도 가지고 서운한 마음 가져서는 안 된다."

부모·자식 사이에는 말할 것도 없거니와 형제 사이와 친구 사이에도 예외가 없습니다. 제때 부탁을 거절하지 못하면, 제때 약속을 취소하지 못하면, 여러분의 삶은 더는 여러분의 삶이 아닌 것이 되어버립니다.

여러분의 삶을 부모, 형제, 친구, 남편/아내, 여자친구/남자친구, 직장 상사, 직장 동료에게 빼앗기고 싶으세요? 그렇게 살고 싶으세요? 그러고 싶다면, 거절하지 말고, 취소하지 말고, 지금처럼 괴로워하며 살면 됩니다.

거절이 어려운 사람들을 위해

제가 강하게 이야기하긴 했지만, 사실 거절을 하고 싶어도 잘 안 되는 이들이 있긴 합니다. 사람들을 많이 신경 쓰고 마음이 약한 이들일수록 거절을 잘 못 합니다. 이른바 사회적 민감성이 높은 이들인데요. 이들은 사람들이 자신에 대해 어떻게 생각하는지 지나칠 정도로 신경을 씁니다. 모든 사람들이 다 자신을 좋아했으면 하고 바라기도 합니다.

사회적 민감성과 함께 연대감도 높으면, 더 거절을 어려워합니다. 연대감이 높은 이들은 동정심이 많습니다. 남이 힘든 이야기를 하면 빠져듭니다. 지나칠 정도로 공감을 잘 하는 것이죠. 그렇다 보니 상대도 다 사정이 있을 거라면서 쉽사리 용서를 해줍

	지킬 능력이 있는 약속	지킬 능력이 없는 약속
자발적 약속	틀림없이 지키게 된다.	의지는 있으나 지킬 수 없다. 더는 자신을 속이지 말고, 약속을 중단하자.
강요받은 약속	능력은 있으나 지키고 싶지 않다. 가능하면 약속하지 말자.	절대로 못 지킨다. 마지못해 자꾸 약속하다 보면, 거짓말쟁이라고 매도당한다.

니다. 돈을 받으러 가서, 오히려 밥을 사주고 오는 격입니다.

이들은 늘 사람들에 의해 이리저리 끌려다니며 매사 휘둘립니다. 내 갈 길을 가지 못합니다. 이렇게 사람들을 신경 쓰고 마음이 약한 분들은 누군가가 부탁을 해올 경우, 들어주겠다고 약속하기 전에 꼭 앞의 표를 보고 결정해야 합니다.

해도 욕먹고, 안 해도 욕먹을 때는 안 하고 욕먹는 것이 낫습니다. 자발적이고 지킬 능력이 있는 약속 이외에는 절대로 해선 안 됩니다. 이것 하나만 명심해도 인생이 훨씬 편해집니다.

슬럼프가 찾아왔을 때

슬럼프 slump.

우리가 이 말을 가장 흔히 접하게 되는 것은 스포츠 중계를 들을 때입니다. 방망이를 거꾸로 잡아도 3할은 친다던 선수가 계속 안타를 치지 못해 타율이 급락하면, 해설가들은 그가 슬럼프에 빠졌다고 말합니다. 야구뿐만 아니라 축구, 농구, 배구, 스케이트, 마라톤 등 모든 스포츠 분야에서 선수가 장기간 실력을 발휘하지 못하면, '슬럼프에 빠졌다'고 표현합니다. 물론 이 말은 작곡가가 머리를 쥐어짜도 좋은 곡이 나오지 않을 때, 배우가 최선을 다해 작품을 고르고 연기를 해도 계속 실패만 할 때, 동일하게 사용됩니다.

그런데 슬럼프는 아시다시피, 보통 사람들에게도 광범위하게 일어날 수 있습니다. 직장인이 유난히 일이 안 풀리거나 수험생이 영 공부가 되지 않을 때처럼, 평범한 사람들도 인생을 살다 보면 여러 번 슬럼프를 겪게 됩니다.

"자기 독립적으로 살아야지" 하고 며칠 혹은 몇 달을 죽어라 열심히 살다가 슬럼프에 빠져 오랜 기간 동안 무기력하게 살면서 아무것도 하지 않으려는 분들이 적지 않습니다. 결국 원점으로 돌아오는 것이죠.

그런데 심리적으로 보면, 원점으로 돌아오는 것이 얼마나 큰 문제인지 모릅니다. 모든 소망이 무너지고, 모든 계획이 어그러지면, 회복하기 어려운 수준의 심리적 타격을 입게 되기 때문입니다. 그래서 슬럼프가 심해지면, 자기 비하나 우울증에 이르기도 합니다. 내 인생을 멋지게 끌고 가는 데 있어 앞으로 나아갈 방법을 고민하는 것 못지않게 슬럼프를 극복하는 방법을 찾는 것이 중요한 이유입니다.

진짜 원인이 없는 것일까

슬럼프에 빠졌다는 말은 왠지 특별한 이유 없이 일이 안 풀린다는 뉘앙스로 들리곤 합니다. 하지만 정작 본인은 슬럼프로 생각해도, 옆에서 보기에는 원인이 분명할 때가 있습니다.

남편은 슬럼프 때문에 힘이 들어 술을 마신다고 주장하지만, 아내가 보기에는 매일 술을 마셔서 일이 안 풀릴 수밖에 없는 것입니다. 이럴 때는 술을 끊어야 하지만, 정작 본인은 계속 술을 마시고 싶기에 자신이 지금 슬럼프 상태라 그런 거라고 스스로를 합리화하죠.

본인 적성에 맞지도 않는 공무원 시험, 본인의 언어 능력으로 벅찬 외국어 시험에 반복적으로 도전하는 사람이 있습니다. 본인은 열심히 하면 합격할 수 있다고 믿지만, 과연 열심히만 한다고 합격할 수 있을까요?

스스로도 무의식적으로 안 되는 일이라는 것을 알지만, 의식 차원에서 포기하고 싶지 않은 것뿐입니다. 슬럼프 때문에 공부가 안 되는 것이 아닙니다. 이제 그만둘 때가 된 것입니다. 의식은 할 수 있다고 주장하지만, 무의식이 슬럼프의 형태로 안 된다는 것을 알려주고 있는 것입니다.

한편, 삶 자체가 너무 빡빡하고 지치면 뭐가 되었건 손에 잡히지 않는 법이라, 너무 일이 힘들면 누구나 슬럼프가 오게 되어 있습니다. 하지만 정작 본인은 그 사실을 인지하지 못하는 경우가 많습니다.

언젠가 자신을 주부라고 밝힌 한 내담자가 저를 찾아온 적이 있습니다.

"왜인지 자꾸 집안일을 미루게 돼요. 원래는 남편이 출근하고 아이가 등교하면, 즉시 설거지부터 시작했어요. 그런데 요새는 그냥 하기 싫어서 자꾸 미룹니다. 청소도 매일 하던 것을 이틀에 한 번 하고, 이틀에 한 번 하던 것을 사흘에 한 번 하고요. 빨래도 마찬가지예요. 빨래는 세탁기가 하지만, 빨래를 널려고 하면 한숨이 먼저 나와요. 특별히 문제가 있는 것도 아니에요. 남편은 열심히 일하고 아이도 열심히 공부하고…. 제가 왜 이러는지 모르겠어요."

저는 주부야말로 가장 고된 '감정 노동자'라고 생각합니다. 주부는 어쩔 수 없이 배우자와 자녀의 감정을 받아줘야 합니다. 밖에서는 다른 사람들에게 쩔쩔매다가도, 집에 돌아오면 가족들을 막 대하는 것을 당연시하는 사람들이 얼마나 많은가요? 그뿐 아닙니다. 때때로 주부는 배우자의 부모나 자기 부모의 감정마저 받아내야 합니다.

게다가 주부가 아무리 열심히 해도 가사 노동은 티가 나지 않습니다. 주부의 일이 마음에 안 들면 식구들은 불평합니다. 반찬이 맛이 없다, 어제 벗어놓은 옷이 어디에 있느냐, 공과금을 왜 늦게 냈느냐 등. 하지만 제대로 일을 할 때는 아무도 칭찬하지 않습니다. 밖에서 음식을 주문해 먹을 때는 "고맙다"고 하는 사람도 집에서는 자기에게 요리를 해주는 사람에게 전혀 고맙다고 하지 않습니다.

그러다 주부가 며칠만 집을 비워도 가정은 엉망이 됩니다. 평소에는 주부의 존재가 얼마나 소중한지 모르다가, 없을 때에야 비로소 그 소중함을 깨닫게 되죠.

이렇게 주부의 가사 노동이 중요한 것임에도 식구들이 이를 몰라주는 이유는 뭘까요? 바로, 밖에서 일을 하면 임금이라는 형태로 노동의 가치가 계산되지만, 주부의 일은 그렇지 않기 때문입니다. 주부에게는 생활비가 주어질 뿐이죠. 그래서 자신이 사고 싶은 것을 사고, 먹고 싶은 것을 먹으려고 할 때마다 눈치를 보는 주부가 적지 않습니다.

열심히 살다가도 문득 이런 사실을 막연하게나마 인지하는 순간, 주부는 슬럼프에 빠질 수밖에 없습니다. 그러니까, 주부의 슬럼프에는 이유가 없는 것이 아니라 분명한 이유가 있는 것입니다. 자신의 노고를 인정받지 못해 스스로의 가치가 평가절하되는 것 같다는 생각이 들면서 한없는 무기력 상태에 빠지는 것이죠.

원인을 알았으니, 그에 따라 해결방법도 찾을 수 있을 것입니다. 즉, 이럴 때 주부에게 필요한 것은 가족의 관심입니다. 가족들에게 너무 힘들다고 얘기해야 합니다. 가족들의 "그동안 미안했어요" "고맙습니다"라는 한 마디, 한 마디가 주부에게는 가장 좋은 치료제가 될 수 있는 것입니다. 아울러, 가사 분담을 통해 주부의 노동량 자체를 줄이는 것도 반드시 필요합니다.

확률의 문제는 아닐까

혹시 '소포모어 징크스Sophomore Jinx'라는 말을 들어본 적 있나요? 우리말로 '2년 차 징크스'라고도 불리는 이 말은, 첫해에 좋은 성적을 거두었다가 두 번째 해에 성적이 곤두박질치는 경우를 가리킵니다. 운동선수들은 물론, 가수나 일반 직장인들에게서도 흔히 일어나는 일입니다.

소포모어 징크스를 실제로 겪게 되면, 말로 표현할 수 없을 만큼 큰 스트레스를 받습니다. 첫해 성적이 좋았으니 사람들은 이미 내 실력에 대해 믿음을 가지게 됐을 것입니다. 그런 상황에서

2년 차에 성적이 급락하게 되면, 사람들이 나에 대해 어떻게 이야기할까요?

"에이, 알고 보니 별거 아니네. 첫해에는 그냥 운이 좋았던 거였군. 거품이었어."

이런 말을 듣게 될 것 같아 두렵기만 합니다(실제로 이렇게 말하는 사람이 있을 수도 있고요). 그러다 보니 자기 실력을 증명하기 위해 더 많이 노력하게 되고, 결국 번아웃 Burn out 상태에 빠지고 맙니다.

'아, 나는 원래 이 정도밖에 안 되는 사람이구나.'

이런 생각이 들면서 한없는 무기력의 나락으로 떨어집니다. 참으로 안타까운 일입니다.
통계학자들은 소포모어 징크스에 대해 이렇게 말합니다.

"1년 차 때 워낙 잘한 것이다. 그러므로 2년 차 때는 1년 차 때 잘한 것만큼 하기가 어려울 수밖에 없다. 1년 차 때 성적과 2년 차 때 성적을 평균 내면, 그것이 그 선수의 실력이다."

모든 일은 잘 되다, 안 되다를 반복하게 마련입니다. 그런데 평균 정도 하다가 안 될 때는 그러려니 넘어가지만, 일이 상당히 잘 풀리다가 안 풀릴 때는 견디기 더 힘들 수밖에 없습니다. 게다가 일이 안 풀리는 기간이 예상보다 길어지는 시기가 오면 슬럼프라는 생각이 드는 것입니다. 하지만 이전에 너무 잘 풀렸다면, 지금부터는 일이 안 풀리는 것이 오히려 당연하다는 사실을 받아들여야 합니다.

아무리 고민해도, 지금 내 인생이 이렇게 잘 안 풀리는 원인을 찾을 수가 없나요? 우리 인생 그래프가 평균값을 향해 가는 거라고 짐작해보세요. 그냥 확률의 문제려니 하고, 버티라는 말입니다. 계속 바닥을 치다 보면, 다시 평균을 향해 그래프가 올라갈 날이 올 겁니다. 이것은 어디까지나 막연한 희망을 불어넣기 위해 하는 말이 아니라 과학에 기반해 드리는 말씀입니다. 통계학에서는 이를 '평균 회귀의 법칙'이라 부릅니다.

쉬엄쉬엄 가도 괜찮아

에너지를 100퍼센트 쏟아부었는데도 일이 좀처럼 안 풀릴 때가 있습니다. 저를 찾아온 한 직장인 내담자도 그랬습니다.

"요즘 회사 일이 너무 지겨워요. 매일 반복되는 일을 견딜 수가 없네요. 그래선지 실수도 잦아졌어요. 최근에 '이러면 안 되지' 하면서 다시 정신 차리고 의욕적으로 진행하던 일이 하나 있었는데, 사업 파트너 사정으로 취소가 되면서 제 상태가 더 나빠진 것 같아요. 여기에 동료가 병가를 내고 나니까, 안 그래도 지겨워하던 잡일이 엄청나게 늘었어요. 수고는 하는데, 보람은 없는 그런 일 말이에요. 이렇게 계속 직장 생활을 해야 한다고 생각하니, 가슴이 답답해집니다."

이럴 때는 페이스를 조절해 쉬엄쉬엄 해보는 것이 상처를 덜 받는 방법입니다. 해도 안 되고 안 해도 안 될 때는 냉정하게 말해 안 하고 안 되는 것이 상처를 덜 받는 길입니다. 최소한의 노력은 물론 필요하지만, 필요 이상으로 노력하지 않는 것도 그에 못지않게 중요합니다.

직장 생활이라는 것이 특히 그렇습니다. 매일 반복해서 해야 하는 일이 적지 않은데요. 그렇게 기계처럼 일을 하다 보면 지루해질 수밖에 없고, 능률은 오르지 않은 채 시간만 질질 끌게 됩니다. 이럴 때는 가능하면 일과를 일찍 끝내고, 자기가 좋아하는 일을 하며 재충전을 해야 하는데요. 일과를 일찍 끝내기 위해 필요한 것이 업무 능률을 측정하는 것입니다.

한 가지 팁을 드리자면, 우선 하루 동안 하는 일에 대해 시간표를 작성하는 것이 도움이 됩니다. 이 일은 몇 시에 시작해 몇 시에 끝내고, 저 일은 몇 시에 시작해 몇 시에 끝낼지를 정해놓고 가급적 지키려고 노력하는 것이죠. 하나의 일을 시작할 때는 목표 시간에 알람이 울리도록 하고 해보세요. 다만, 일을 끝내는 데 소요되는 목표 시간이 30분 이상이 되면, 그때는 지켜지지 않을 확률이 큽니다. 따라서 1시간 걸리는 일이면 1시간 후에 알람을 울리게 하는 대신, 일을 10분, 20분, 30분 단위로 쪼갠 후 각각에 대해 알람이 울리도록 하는 것이 더 효과적입니다.

일을 일찍 끝내고 나면, 일단 무조건 퇴근해야 합니다. 퇴근 이후에는 자기계발이라는 명목 하에 자기를 더 몰아붙일 것이 아니라, 재미있는 일을 해보세요. 그래야 무사히 슬럼프를 통과할 수 있을 것입니다.

딴짓 좀 해보셨나요?

안 되는 일에 마냥 매달리다 보면, 지치고 무기력해지게 마련입니다. '내 실력이 많이 모자란 건 아닐까' 하는 자괴감도 따라옵니다. 그럴 때는 안 되는 일에서 벗어나 내가 좋아하는 일, 잘

할 수 있는 일을 해보세요. 그것이 꼭 돈을 벌게 해주는 일이 아니어도, 지금 하고 있는 일과 관련이 없어도 괜찮습니다. 사람들은 내가 잘하는 것을 하다 보면, 기분이 좋아지고 자존감이 올라가게 마련이니까요.

슬럼프 때문에 고생하는 사람들 중에 수험생도 빼놓을 수 없습니다. 특히 재수생들의 경우, 심리적 압박이 너무 심해 상담을 하러 오는 경우가 적지 않습니다. 대부분이 비슷한 패턴입니다. 처음에는 불합격의 충격을 딛고 1월부터 죽어라 공부를 시작합니다. 스스로 생각해도 컨디션이 좋습니다. 이 페이스로 계속 공부해나가면 틀림없이 합격할 거라는 확신이 듭니다. 그런데 봄이 되면, 몸이 축축 처집니다. 학원에서 본 모의고사 성적도 엉망입니다. 벌써부터 이렇게 슬럼프에 빠지다니, 올해도 대학 가긴 글렀다는 생각에 망연자실해집니다.

재수생이 유독 힘든 이유는 통제해주는 사람이 없다는 데 있습니다. 학교 다닐 때 성적이 떨어지면 선생님께 불려가기도 하고, 친구들 성적과 내 성적을 비교하며 스스로도 압력을 느낍니다. 그러나 학원 모의고사 성적이 주는 무게감은 그에 비해 훨씬 작습니다. 인간은 누군가로부터 통제도 받고 간섭도 받을 때 공부를 하게 마련입니다. 혼자 알아서 하는 사람은 극소수죠.

이런 점도 힘든데, 여기에 지겨운 것을 유난히 못 참는 이들은 한두 달 지나면 슬슬 좀이 쑤시며 재수생 생활이 지루해지게 마련입니다. 어쩌면 이들의 수험생활 성패는 지루함을 잘 극복하느냐 마느냐에 달렸다고 해도 과언이 아닐 것입니다.

이들은 내가 자신 있고 재미있어하는 과목과 내가 지루해하고 싫어하는 과목을 번갈아 공부하는 것이 큰 도움이 됩니다. 집중해야 하는 과목과 그냥 살펴보기만 해도 되는 과목을 번갈아 공부하는 것도 도움이 됩니다. 아울러 공부 계획을 너무 빡빡하게 세우는 것은 바람직하지 않습니다. 한 번에 10시간 동안 공부하는 것보다는 1시간씩 10번을 볼 때 기억이 더 잘 되는 법입니다. 1시간씩 10번을 보는 것보다는 10분씩 60번을 보는 것이 더 기억이 잘 되고요. 이런 식으로 정통에 가까운 방법보다는 내가 잘 할 수 있는 것을 중심으로 지루함을 덜 느낄 수 있는 '다른 방법'을 자꾸 시도해보는 것이 필요합니다.

바쁜 수험생활 가운데 다른 데로 눈을 돌리기가 쉽지 않겠지만, 자기 확신을 키우기 위해서는 잠시 딴짓을 하는 것도 필요합니다. 이는 비단 수험생에게만 해당되는 이야기는 아니겠죠.

SNS에 너무 빠지면 그것도 문제겠지만, 여기에 글이나 사진을 올리고 사람들의 좋은 반응을 확인하다 보면 자존감이 올라갈 수 있습니다. 게임도 마찬가지입니다. 게임 랭킹이 올라가면, 자신감도 올라갑니다. 노래를 잘하는 사람은 노래방에 가서 노래를 부르며 100점을 받을 때 자신감이 상승할 것이고요. 요리를 잘하는 사람은 친구들을 불러 요리를 대접한 다음, 맛있다는 피드백을 받으며 좋은 기분에 휩싸일 것입니다.

안 되는 일에 매달리며 그것에서 벗어나지 못하면, 그것의 노예가 되어 질질 끌려가는 인생을 삽니다. 그러다 한없는 슬럼프에 빠져 인생의 주도권을 놓치게 되죠. 잠시 멈춰 내가 잘할 수 있는 것에 눈을 돌려보세요. 우선, 자존감이라는 에너지를 채워야 내 삶을 이끌 추진력을 얻을 수 있는 것입니다.

무엇이 우리를 우울하게 만드는가

독일의 수필가 안톤 슈낙Anton Schnack의 유명한 에세이 〈우리를 슬프게 하는 것들Was traurig macht〉은 기성세대라면 모두 한 번씩은 접해봤을 것입니다. 1953년부터 국어 교과서에 실렸던 글이기 때문이죠.

저도 학교 다닐 때 이 에세이를 교과서에서 읽었습니다. 교과서에 실린 글이라는 것이 대부분 지겨웠지만, 이 글은 달랐습니다. 글을 읽으며 세상에는 가지가지 슬픔이 존재한다는 생각을 했는데, 그 기억이 생생합니다.

그런데 얼마 전, 우연히 이 에세이를 다시 읽다가 문득 이런 생각이 들었습니다.

'혹시 이 글을 쓰던 당시 안톤 슈낙은 우울증에 걸렸던 것 아닐까? 그렇기 때문에 세상의 온갖 것들 중에서 유독 우울한 것들만 그의 눈에 띄었던 것은 아닐까?'

우울증의 세대별 원인

물론 당시 안톤 슈낙의 실제 정신 상태가 어떠했는지는 알 수 없는 노릇입니다. 하지만 세상의 슬픔을 특별하게 보고 그것에 집중하는 태도는 분명 우울증과 관계가 있습니다.

사람들은 자신이 당하는 고통이 아주 특별하다고 생각합니다. 만약, 자기가 당하는 고통이 다른 사람들도 누구나 다 당하는 고통이라고 생각한다면, 우울증에 빠져들지 않을 것입니다. 남에게 괴로움을 호소하다가 누군가 자신과 똑같은 사연으로 괴로움을 겪는다는 것을 확인하더라도 우울증 환자들은 나의 괴로움이 더 심하고 특별하다고 생각합니다.

그러나 실상 환자들이 호소하는 괴로운 사연은 몇 가지 범주에 속하는 일반적인 것들일 때가 많습니다. 세대별로 나누어 살펴볼까요?

10대의 우울증

10대 때는 무엇 때문에 가장 우울해할까요? 부모와의 갈등도 문제이긴 하지만, 일반적으로 아이는 이에 대해 우울해하기보다는 분노하는 경우가 더 많습니다.

한편 성적 때문에 우울해하는 경우도 생각보다 그렇게 많지 않습니다. 성적이 나쁜 것은 자기 탓도 아니고, 자기가 어쩔 수 있는 것도 아니라고 생각하는 편입니다.

10대가 가장 크게 신경 쓰는 것은 뭐니 뭐니 해도 친구 문제입니다. 10대는 사람들 사이의 관계에 눈을 뜰 시기입니다. 그렇기 때문에 친구들과의 갈등에 심한 스트레스를 받습니다. '이렇게 해야 하나 저렇게 해야 하나' 생각하다가 자기 행동이 예상치 않은 부정적인 반응을 일으키거나 혹은 자기가 아무리 노력해도 친구의 마음을 돌리지 못한다고 느꼈을 때 우울해지곤 합니다.

친구들로부터 고립되면, 극도로 우울해지죠. 친구들과의 관계가 엉망이 되면, 학교에도 가고 싶지 않고 집에만 있고 싶어집니다. 그러다 보니 부모님에게 밤낮으로 짜증을 냅니다. 온종일 게임에만 빠져 살기도 합니다.

20대의 우울증

이 시기에는 진로 문제가 가장 큰 우울증 유발 요인입니다. 앞으로 어떻게 살아야 할지가 고민입니다. 내가 좋아하는 것은 무엇인지, 무엇이 나의 적성에 맞는 일인지 많이 생각하죠. 대학에 들어갔는데, 적성에 안 맞는다는 생각이 들어 휴학을 하기도 하고, 다시 전공을 바꾸어 다른 대학에 들어가지만 1~2년 다니다가 또다시 적성에 맞지 않아 갈 길을 잃는 경우도 있습니다.

이런 일이 반복되면, 자신은 도대체 무엇을 해야 행복할지 갈피가 잡히지 않습니다. 심지어는 자신과 사회가 맞지 않는 것 같다는 생각에 빠지기도 하죠. 이런 불완전한 내가 과연 무엇을 먹고 살아야 할지, 심리적으로 혼란이 극대화되고 불안감이 증폭될 수박에 없습니다.

30대의 우울증

'자리 잡지 못함'에 대한 열등감에 시달리는 시기입니다. 누구는 제대로 된 직장에 취직했는데 자신은 변변치 못한 직장에 다니거나 비정규직일 때 괴로움에 시달립니다. 누구는 결혼을 했는데 자신은 결혼하지 못했거나 결혼에 실패했을 때, 나만 뒤떨어진 것 같고 못난 인간 같습니다. 집도 없고, 통장에 돈도 없는 자신이 한심합니다.

20대까지는 그래서 나한테 기회가 있을 거라고 생각합니다. 지금 내가 남들보다 뒤떨어진 건 내 잘못이 아니라 세상의 잘못이라고도 생각합니다. 30대에는 그런 생각이 더는 위안이 되지 않습니다. 빨리 자리를 잡고 싶은데 그러지 못하는 상황에서, 얼른 자리를 잡고 남들처럼 살아야 한다는 일종의 강박관념이 우울증을 불러옵니다.

40대의 우울증

40대는 삶이 뜻대로 되지 않는다는 것을 깨닫게 되면서 괴로움을 느끼는 시기입니다. 회사를 다니다가 해고라도 당하게 되면, '내가 왜 이러고 사나' 싶습니다. 자의 반 타의 반으로 가게를 열었다가 망하기라도 하는 날에는 하늘이 무너지는 것 같습니다. 자기 잘못 때문이건 배우자의 잘못 때문이건 일단 이혼을 하게 되면, 인생 사는 것이 참 힘들다는 생각에 사로잡힙니다. 부모를 부양하며 자식까지 키워야 하는 샌드위치 인생이 갑갑하기만 합니다.

내 인생인데, 내 인생에 내가 사라진 것만 같습니다. 이런 상황이 언젠가 끝날 거라는 보장도 없습니다. 막막한 마음에 우울증이 찾아옵니다.

50대의 우울증

50대에는 쇠락을 경험합니다. 자식이 성인이 되면 마음이 놓일 줄 알았는데, 웬걸 그렇지 않습니다. 자식들 다 키워놓고 나니, 빚만 쌓여 있습니다. 그렇다고 자식이 부모에게 그동안 잘 키워줬다고 고마워하는 것도 아닙니다. 부부 사이는 호적상으로만 부부일 뿐 실제로는 남남이 된 지 오래입니다. 그래도 법적인 결혼이나마 유지하고 있으면 다행입니다. 이혼하고 홀로된 지 오래된 이들은 삶이 하루하루 외롭습니다. 앞으로 어떻게 살아야 할지 막막한데, 정년은 하루하루 다가옵니다. 무릎이며, 어깨며 하나둘씩 아픈 곳이 생깁니다. 혈압약, 당뇨약 등 매일 먹어야 하는 약이 한 알에서 두 알로, 두 알에서 세 알로 매년 늘어갑니다. 늙어가는 거죠. 뜻하지 않게 암에 걸리기도 합니다. 죽음의 위기를 넘기고 나면, 사는 것 자체가 두렵습니다.

60대의 우울증

아무것도 할 일이 없는 데서 절망이 옵니다. 내 생각에는 아직도 내가 세상에 그럭저럭 쓰임새가 있는 것 같습니다. 그동안 살면서 배우고 익힌 것을 알려주고 싶습니다. 하지만 젊은이들 중 누구도 내 말에는 귀를 기울이지 않습니다. 시간은 남지만 돈은 없다 보니, 남아 있는 시간이 한스러울 뿐입니다. 먹고살기 위해

젊었을 때는 쳐다보지도 않았던 일들을 해보지만, 손에 쥐여지는 것은 푼돈뿐.

세상으로부터 버림받은 것 같다는 생각에 화가 납니다. 내가 그동안 열심히 일한 덕분에 이 정도 잘사는 세상이 되었건만, 아무도 내 공을 인정해주지 않습니다. 서럽습니다.

70대의 우울증

이제, 죽음이 남의 이야기가 아닙니다. 장례식장에 갈 일이 부쩍 늘었습니다. 가족도, 친구도, 동창도 1명씩 1명씩 줄어듭니다. 삶이 더는 큰 의미가 없다고 느껴집니다. 그냥 하루하루를 살아갈 뿐이죠. 도대체 내가 왜 여태까지 살았나 싶습니다. 젊어서 부귀영화를 누렸던 이들은 한창때와 지금을 비교하며 우울해합니다. 아무것도 이루지 못한 이들은 어쩌다 삶이 이 지경이 되었나 우울해합니다.

우울증, 원인 찾기보다 치유가 먼저

삶은 우리에게 때때로 환희를 안겨주기도 하지만, 이렇게 끝없이 우리를 우울하게 만들기도 합니다. 하지만 우리가 다시 생각해봐야 할 부분이 있습니다.

우울증에 걸린 사람들은 이런저런 일들이 자신을 우울하게 만든다고 생각합니다. 하지만 아무나 우울증에 걸리는 것은 아닙니다. 똑같은 고통을 겪었을 때 보통 사람들은 하루나 이틀, 길면 사나흘, 아주 길면 일주일쯤 힘들어하다가 회복합니다. 보름 정도 우울감이 지속될 때 우울증이라고 하는데, 평생 살면서 이렇게 우울증에 걸리는 이들은 10명 중 2~3명 정도로 추정된다고 합니다.

우울증에 있어 불행은 일종의 방아쇠 역할을 합니다. 일단 방아쇠를 당기면, 총알을 멈출 수 없습니다. 방아쇠가 원상태로 복구돼도 총알은 어딘가로 계속 날아가 누군가를 맞히고 그에게 상처를 줍니다. 우울증의 경우, 그 총알은 내 마음을 향합니다. 일단 총알에 맞아 마음이 상했다면, 마음을 치료해야 합니다. 그런데 사람들은 방아쇠에 해당되는 '사건'에만 집착합니다. 사건이 해결되지 않는 한 우울증이 사라지지 않을 것이라고 굳게 믿으면서요.

사랑하는 이를 잃어서, 평생 모은 돈을 날려서, 무시와 굴욕, 냉담한 태도 등 심리적 트라우마로 인해서, 누군가가 죽이고 싶도록 미워서. 우울증의 원인은 이다지도 다양합니다. 하지만 이런 원인들이 단기간에 해결될 수 있을 것 같나요? 그렇다면 다행이지만, 그렇지 않다면 일단 마음부터 치료하는 게 순서 아닐까요? 또, 이런 원인이 해결된다고 해도 마음의 상처까지 같이 치유되리란 보장은 어디에도 없습니다.

마음에 문제가 생기면 삶의 의미까지 잃어버리기 쉽습니다. 그래서 인생의 주도권을 잡는 것은 고사하고, 내 인생을 스스로 놓아버리고 싶다는 극단적인 생각을 하는 이들도 있는 것입니다. 거듭 말하지만, 우울증 증상이 있다면, 우선 마음부터 치료해야 합니다.

우울증에서 벗어나기 위하여

우울증에서 벗어나기 위해서는 지금부터 제시하는 몇 가지 사항에 유념해야 합니다.

먼저, 치료를 해야 합니다. 앞서 저는 우울증약의 일반적인 효능에 대해 말씀드린 바 있습니다. 매일 한 알의 우울증약을 복용한 사람의 70퍼센트 정도가 한 달 정도 지나면 우울증 증상이 사라졌다고 말했다는 이야기도 했습니다. 약에 의존하고 싶지 않다고 말하는 분들이 종종 있는데, 지금 당장 몸의 어느 한 군데가 부러졌다고 생각해보세요. 우울증은 마음이 부러진 병입니다. 약이 필수입니다. 약을 먹으며, 매일 자신의 감정을 기록하고 생각의 오류를 확인해 이를 교정하는 일기를 쓰는 것도 커다란 도움이 됩니다.

둘째, 현재에 집중해야 합니다. 마음에는 색안경이 있어서 현재가 과거를 지배하도록 만듭니다. 오늘 로또복권에 당첨되면, 누구나 기쁠 것입니다. 오늘 암을 진단받으면, 누구나 슬플 것입니다. 우울해지면, 똑같은 과거도 더욱더 엉망으로 느껴질 것입니다. 현재가 행복하면, 괴로운 과거도 다 추억으로 받아들이게 됩니다. 따라서 현재에 집중하는 것이 현명합니다. 현재를 더 즐기고 행복하게 느낄 수 있도록 노력해야 합니다.

셋째, 더는 물러나면 안 됩니다. 지금 내가 보내는 매일의 일상을 어떻게든 유지해야 합니다. 우울증은 어느 날 갑자기 씻은 듯이 낫는 병이 아닙니다. 하루 중 안 좋은 시간이 조금씩 줄어들고 좋은 시간이 조금씩 늘어나다 보면, 안 좋은 날이 조금씩 줄어들고 좋은 날이 늘어날 것입니다. 이 과정에서 자신도 모르게 우울증 증세가 호전될 수 있습니다. 그리고 어느 날 문득, 우울증에서 완전히 벗어난 자신을 깨닫게 될 것입니다.

넷째, 나를 돌봐줄 이가 필요합니다. 작은 위로라도 받을 수 있는 대상을 찾아야 합니다. 그 대상이 꼭 사람일 필요는 없습니다. 반려동물이나 반려식물도 괜찮습니다. 내게 위안을 주고 희망을 느끼게 해줄 수 있는 대상이면 족합니다.

   우울증은 어쩌면 내가 나로서 내 삶을 살지 못하게 만드는 가장 심각한 주범일 수 있습니다. 우울증이 생기면 '내가 내 인생을 제대로 살고 있나'라는 고민마저 사치가 될 수 있습니다. 이를 우선 해결해야 합니다. 그렇지 않으면 자기 독립적인 인생에서 점점 더 멀어질 뿐입니다.

5장

우아하게, 착지

: 다음 도약을 위하여

내 삶의 속도는
내가 정해요

앞서 저는 '자기 주도적인 삶' '내 삶의 주인공' '자기 독립' 같은 말들이 가진 고정관념에 대해 지적한 바 있습니다. 왠지 이런 말을 들으면, 어떤 장애물이 있든 간에 저돌적으로 전진하는 사람이 떠오르곤 하죠. 추진력 있고, 당당하고, 카리스마 있는 전형적인 '리더형'이 생각나는 것입니다.

하지만 꼭 그렇지만은 않다고 했습니다. 여유 있게 천천히 가는 삶이 자기에게 알맞다고 생각하는 이들은 자기 독립을 위해 오히려 삶의 속도를 늦출 필요가 있습니다.

내가 게으른 사람이라는 착각

"빡빡한 스케줄 때문에 너무 힘들어요."

이런 호소를 하며 저를 찾아오는 내담자들이 있습니다. 이들 중에는 우울증 증세와 유사한 상태를 보여 관련 검사를 해도, 우울증이 아니라고 나오는 이들이 꽤 많습니다. 이들에게는 이런 질문을 던집니다.

"혹시 과거에는 스케줄이 어땠나요?"
"지금보다는 시간 여유가 좀 있었어요. 그래서 만족할 만큼 꼼꼼하게 일을 잘 해냈죠. 그러다 너무 바빠진 다음부터는 오히려 게을러졌어요. 피곤해서 일을 하기가 힘들어요. 신기한 게, 주말이 되면 오히려 부지런해집니다."

학생들도 마찬가지입니다. 학기 중에는 지쳐서 수업을 따라가기 벅찼는데, 방학이 되고 나서부터는 빠릿빠릿해졌다고 말하는 이들이 많습니다.

이들은 자기가 게으른 사람이라고 착각하곤 합니다. 주위에서 계속 빨리빨리 하라고 채근하는데 그 속도를 따라가지 못하니 일이 밀릴 수밖에 없고, 이 모습을 지켜보자면 게으르다고밖에 말할 수 없는 것입니다.

하지만 저는 그렇게 생각하지 않습니다. 빠르다고 꼭 부지런한 것이 아니듯이, 느리다고 꼭 게으른 것은 아니기 때문입니다.

누가 뭐라 해도, 나는 내 속도로

인간은 누구에게나 자기에게 맞는 삶의 속도가 있습니다. 누군가는 시속 30킬로미터가 자신에게 맞는 속도이고, 누군가는 시속 80킬로미터가 자신에게 맞는 속도이며, 누군가는 시속 150킬로미터가 자신에게 맞는 속도입니다.

한편, 현대 사회가 돌아가는 속도는 많은 이들에게 너무나 빠릅니다. 인간이 애초부터 이렇게 빠르게 살아왔던 것은 아닙니다. 인류는 문명의 대부분을 시계 없이 살았습니다. 과거, 농경사회에서는 해가 뜨면 일어나서 일을 하고, 해가 지면 쉴 수밖에 없었습니다. 비가 내리거나 바람이 심하게 불거나 날이 너무 추우면, 노동은 중단되었습니다.

시간을 지켜서 인간이 일하게 된 것은 산업혁명 이후입니다. 공장은 비가 오나, 눈이 오나 돌아갑니다. 이에 따라, 정해진 시간에 출근하고 정해진 시간에 퇴근하게 되었습니다. 그러다 보니, 유서 깊은 도시의 광장에는 꼭 오래된 시계탑이 서 있는 것입니다. 시계가 너무 비싼 시절이어서, 사람들이 시계탑을 보고 시간을 가늠했던 것이죠. 이렇듯, 현재 삶의 속도가 시속 100킬로미터라면, 산업혁명 이전 삶의 속도는 시속 30킬로미터 정도였습니다.

인류가 시간을 지키며 빡빡하게 산 지 그리 오래되지 않았다는 사실을 명심하셔야 합니다. 우리 뇌와 신체는 아직도 이 빠른 속도에 적응하고 있습니다. 대부분의 인간에게 가장 편안한 삶의 속도는 이 세상이 돌아가는 속도보다 훨씬 느립니다. 그 때문에 우리에게는 휴일이 필요하고, 때때로 휴가가 필요한 것입니다.

누군가가 속도를 빨리 낸다고 해서 이를 무조건 따라 하려고 하다가는 역효과가 날 수밖에 없습니다. 제가 과거에 운전면허를 따고 도로 주행을 연습할 때 아버지가 해주신 말씀이 아직도 기억납니다.

"얘야, 아무리 옆의 차가 빵빵거려도 신경 쓰지 말렴."

주위의 차들이 경적을 울린다고 해서 당황하게 되면, 사고가 터질 수도 있다는 것입니다. 경적을 울리든 말든 가만히 내 속도로 가다 보면, 주위의 차들이 다 알아서 추월해 갑니다. 인생도 마찬가지입니다.

주위에서는 빨리빨리 앞으로 쭉쭉 나아가라고 재촉합니다. 하지만 그렇게 했을 때 꼭 좋은 결과가 나오리란 보장이 없습니다. 그에게는 그에게 맞는 인생 방식이 있고, 나에게는 나에게 맞는 인생 방식이 있는 것입니다. 내가 내 삶의 중심이 되어야 합니다. 추월당하는 것이 불안해서 남의 속도에 맞추려다 보면, 결국 내 인생만 피곤해집니다.

느리고 무거운 사람의 가치

삶의 속도가 느린 사람들은 이 점을 자신의 치명적인 단점으로 여기곤 합니다. 하지만 저는 속도가 빠른 데는 그에 따른 장점이, 느린 데는 그에 따른 장점이 있다고 생각합니다.

우선, 수성守成에는 느린 사람이 절대 유리합니다. 중세 유럽에는 튼튼하게 쌓아올려진 성들이 적지 않았습니다. 적들이 쳐들어와도 성문을 굳게 잠그면, 몇 달이고 버틸 수 있습니다. 공격하는 쪽은 대부분 본거지가 멀리 떨어져 있습니다. 식량 조달이 힘들어지고 보급을 받지 못하면, 제풀에 나가떨어지게 마련입니다.

여기에 전염병이라도 돌면, 적은 저절로 퇴각합니다. 하지만 원래 석 달만 지나면 후퇴할 것이라고 예상한 적이 넉 달, 다섯 달을 버텨내면 지키는 쪽도 초조해집니다. 그러다 조금만 더 버티면 되는데, 성문을 열고 무리한 공격을 감행합니다. 그 결과, 전투에 지면서 성을 잃게 되는 것입니다.

공격할 때는 예상할 수 없는 속도로 휘몰아쳐야 하지만, 지킬 때는 다릅니다. 느린 사람이 유리하죠. 빠른 사람은 일이 잘 풀릴 때 날아갈 듯이 민첩하게 움직이지만, 일이 안 풀리면 안절부절못하면서 실수를 연발합니다. 느린 사람은 일이 잘 풀릴 때 성과를 하나씩 바구니에 담습니다. 일이 안 풀려도 경거망동하지 않고요.

더군다나 느리면서 무거운 사람은 세상의 중심이 됩니다. 갈등이 발생해 모든 사람이 자기주장만 하고 제정신이 아닐 때 혼란을 중단시키는 이는 느리면서 무거운 사람입니다. 정신없이 떠들다가도 아무 말 없이 침묵을 지키며 자기들을 쳐다보는 이와 눈이 마주치면, 다들 말을 멈추게 마련입니다.

흔히, 우왕좌왕하던 사람들 무리가 화합을 이룰 때는 한 리더가 놀라운 설득력으로 명연설을 해서 뜻을 모았을 거라 착각하지만, 실상은 그렇지 않습니다. 인간은 일단 무언가에 대해 옳다, 그르다 입장을 정하면 맹목적인 경향을 띱니다. 말이 말을 불러 싸움이 커질 때, 빠르게 움직이는 이들은 아무런 도움이 안 됩니다. 말을 아끼는 느리고 무거운 사람만이 분위기를 진정시킬 수 있습니다.

여러분 자신이 판단도 느리고, 일 처리도 느린 사람인 것 같나요? 그렇다면, 걱정할 필요 없습니다. 말은 인간보다 빠르지만, 인간은 그 빠른 말을 데려와 마차를 몰게 하고 그 마차에 올라타는 존재입니다. 느리고 무거운 사람은 빠른 사람을 조종해 자신이 원하는 것을 얻어내면 되는 것입니다.

또 이렇게도 생각해볼 수 있습니다. 너무 빨리 인생을 몰아가는 이들은 많은 소중한 것들과 아름다운 것들을 제대로 보지 못한 채 인생을 살아갑니다. 열심히 산 것 같긴 한데, 남는 추억이 없습니다. 인생을 느리게 관조하며 살아가는 이들은 자신의 삶을 온전히 향유합니다. 많은 것을 느끼고 경험하고 간직할 수 있습니다. 진정한 '자기 인생'을 살 수 있는 것입니다.

독이 되는 배려 피하기

"맞벌이를 하는데, 왜 항상 저만 집안일을 해야 하죠? 남편은 정말 이기적이에요. 청소 아님 빨래만이라도 조금 도와달라고 하면, 남편은 알았다고 말만 하고 절대 안 해요."

"제가 안 하려는 게 아니에요. 저도 밖에서 힘들게 일하고 와서 피곤하니까, 씻고 조금 쉬다가 하려는 것뿐이에요. 제가 아무리 이렇게 말해도 아내는 그새를 못 참고 화를 내면서 그냥 자기가 해버립니다."

아내는 남편이 집안일을 제때 알아서 해주는 배려심이 없다고 말하고, 남편은 아내가 자기를 좀 기다려주는 배려심이 없다고 말합니다. 그러면서 서로 원망하기 일쑤입니다. 상담소에서 흔히 볼 수 있는 풍경입니다.

물론 맞벌이를 하며 남편과 아내가 집안일을 정확히 나누어 제때 깔끔하게 해내면, 가장 좋을 것입니다. 하지만 우리 사는 세상이 어디 그렇게 생각대로 딱딱 돌아가던가요? 남편은 아내보다 늦게까지 일하고 들어와 몹시 피곤한 상태일지 모릅니다. 아내는 남편보다 일찍 들어와 이미 어느 정도 집안일을 해놓고 완전히 지친 상태일지 모릅니다.

이렇게 서로의 상태나 상황을 정확히 인지하지 못하고 자기 생각만 할 때, 우리의 관계는 쉽사리 부서질 수 있습니다. 나와 가장 가까운 관계가 부서지면, 내 인생이 굴러가는 데도 당연히 지장이 생깁니다. 너도 나도 같이 잘살기 위해 필요한 첫 번째 덕목이 '배려'인 까닭입니다.

배려는 기질의 문제

서로 배려하며 살아가면 좋을 텐데, 우리는 왜 그러지 못하는 걸까요?

먼저, 기질적인 문제를 들 수 있습니다. 배려하는 마음 그리고 배려에 기대는 기질은 일정 부분 타고나는 것이라고 합니다.

배려심에 관여하는 가장 중요한 두 가지 요소는 '동정심'과 '불안'입니다.

먼저, 동정심은 공감에서 나옵니다.

'저 사람도 지금 엄청 힘들 거야.'

이런 생각을 할 줄 아는 사람은 배려를 할 수 있습니다. 누군가가 어렵다고 말을 꺼내거나 힘든 기색을 보일 때, 상대에게 얼마나 도움이 필요할지 감지하는 이들은 비록 자기 자신이 힘든 상태라 하더라도 상대를 먼저 배려합니다.

그러나 동정심이 있다고 모두 누군가를 진정으로 배려할 수 있는 것은 아닙니다. 동정심에 불안이 더해지면 항상 손해 보면서 배려하는 사람이 됩니다. 누군가가 나를 미워하거나 싫어하는 것이 너무 불편한 이들은 부탁을 받았을 때, 절대 거절하지 못합니다. 마음속으로는 화가 부글부글 끓지만, 다른 사람이 겉으로 그를 볼 때는 배려심 많은 사람이라고 느낍니다.

그렇다면, 유난히 타인의 배려를 필요로 하는 사람의 마음은 어디에서 기인하는 것일까요?

우선, 의존성 높은 사람은 대부분의 상황에서 남에게 기대려고 합니다. 이런 사람이 옆에 있으면, 내가 원치 않더라도 그를 배려할 수밖에 없습니다. 배려하지 않으면, 일이 돌아가지 않으니까요.

스트레스 대처 능력이 아예 없는 사람도 있습니다. 심리학적으로는 '신경증 성향이 있다'고 표현하는데요. 직장에서 무언가 스트레스를 받으면 "힘들다"고 하면서, 매번 스케줄을 조정해달라고 하는 사람을 떠올리면 됩니다. 이들은 집에서도 안 좋은 일이 있으면, 밤새 잠을 자지 못하다가 아침에 지각을 하는 일이 잦습니다. 정확한 진단명이 있는 것은 아닌데 몸도 자주 아파서, 회사에 "오늘은 몸이 안 좋아 쉬어야겠어요"라고 말하는 경우가 다반사입니다.

그래도 의존성 높은 사람은 혼자서 무언가를 하지 못하는 것이고, 신경증적인 사람도 자기가 힘든 상황을 못 버티는 것이니, 어떻게 보면 배려해줄 만합니다. 정말 큰 문제는 남들에게는 자기가 원하는 대로 항상 배려해주기를 기대하면서 남들이 이런저런 이유로 힘들어할 때는 나도 힘들다면서 나 몰라라 하는 '얌체족'들입니다.

이들은 정작 배려심이 없는 건 본인임에도 "우리 가족 혹은 직장 상사가 배려가 없다"며 투덜댑니다. '나만 배려받는 것'이 이들에게는 '진짜 배려'이기 때문입니다.

나쁜 것은 사람이 아니라 상황

배려에 있어, 상황도 무시할 수 없는 변수입니다.

3살 이하의 아이를 키우다 보면, 많은 스트레스를 받게 됩니다. 가사도우미나 육아도우미를 쓸 수 있을 정도의 형편이면 좋겠지만, 그렇지 못한 경우 어려움은 가중될 수밖에 없습니다. 설상가상으로, 아이가 잘 적응을 못 해 어린이집에 보낼 수 없을 때는 그야말로 사면초가에 놓입니다. 가사를 도맡고 있는 아내는 너무 힘듭니다.

한편 남편은 가족의 생계를 책임지기 위해 온종일 밖에서 뼈 빠지게 일합니다. 그래도 항상 월급이 모자랍니다. 남편은 야근을 마치고 들어오면, 집에서라도 좀 눕고 싶습니다. 하지만 아이와 계속 사투를 벌인 아내는 남편에게 아이를 맡기고 잠깐이라도 쉬고 싶습니다. 결국, 서로를 이기적이라고, 배려가 없다고 비난하며 싸우게 됩니다.

아이를 가지기 전까지는 그럭저럭 잘 지내던 부부였습니다.

세상에서 가장 소중한 선물을 받게 된 것은 정말 행복한 일이지만, 아이로 인해 부부의 일상은 완전히 엉망진창이 되고 말았습니다. 남편도, 아내도 잘못은 없습니다. 만약 남편의 수입이 늘거나, 아이가 잠을 잘 자게 되거나, 시부모 혹은 친정부모 가운데 한쪽이라도 이 부부를 도와준다면, 이들 사이에는 전보다 훨씬 싸움의 빈도가 줄어들 것입니다.

실질적으로 상황이 나아지지 않더라도, 서로에게 문제가 있는 게 아니라 그저 상황이 너무 힘들 뿐이라는 점을 정확히 인식한다면 둘의 관계도 많이 누그러질 수 있습니다. 한두 해만 더 견디면, 아이가 자라 손을 덜 타게 되고 그만큼 덜 힘들 거라는 사실을 인식해도 희망이 생길 것입니다.

회사에서도 마찬가지입니다. 만약 회사가 그해 매출이 좋아 분위기가 좋다면, 일이 좀 많아도 충분히 웃으며 해낼 수 있습니다. 그러나 매출이 많이 떨어져 살얼음판을 걷는 듯한 분위기라면, 서로 예민해져 작은 일에도 언성이 높아질 가능성이 큽니다. 삭막한 일터만큼 배려를 찾아보기 힘든 곳은 없습니다.

이런 직장에서 일하고 있는 분들은 사람을 미워하지 않으려고 노력해야 합니다. 문제는 상황이니까요. 지금 내게 짜증을 부리며 말도 안 되는 요구를 하는 김 부장이 내년에는 또 어떻게 변할지 모르는 것입니다.

언제 배려하고, 언제 무시할 것인가

누군가가 나를 배려해주지 않는다고 원망하지 않았으면 합니다. 차라리 배려받을 일이 없도록 노력하는 편이 낫습니다.

받는 사람 입장에서 보면, 배려란 상대의 선심에 기대어 무언가 혜택을 바라는 마음입니다. 상대가 배려해주고 싶으면 하는 것이고, 배려해주기 싫으면 해주지 않는 것이 당연합니다. 불확실한 배려에 기대를 거느니, 차라리 예측 가능한 원칙을 세우고 그에 입각해 행동하고 일을 추진하는 편이 낫습니다.

가능하면, 매사 준비를 철저히 해서 타인에게 배려받을 일이 없도록 하세요. 자꾸 배려받아야 하는 일이 생긴다는 것은 현재 나의 상태가 스스로 감당하기에 벅차다는 의미일 수 있습니다.

배려하는 입장에서도 이야기를 해볼게요. 여유가 되면, 가급적 가까운 사람들을 배려해주세요. 단, 그들로부터 "고맙다"는 말을 꼭 들어야겠다고 생각하진 마세요. 그냥 배려를 하는 쪽이 내 마음 편해지는 길이라고 생각하세요.

내가 자발적으로 배려를 하는 상황은 문제가 안 됩니다. 하지만 상대가 눈치 없이 계속 부탁을 해옵니다. 나는 마음이 약해 거절을 할 수가 없습니다. 결국, 내 마음의 괴로움을 덜기 위해 그의 부탁을 들어줍니다. 그 상황에서는 부탁을 들어주지 않는 데서 오는 불편함에 시달리느니, 그냥 내가 배려한다고 생각하고 부탁을 들어주는 것이 이익인 셈입니다.

하지만 말도 안 되는 상황에서 억지로 배려하지는 말자고요. 맨날 남의 부탁을 들어주면서 '언젠가 저 인간도 내 부탁을 들어주겠지' 하다 보면, 대체로 뒤통수를 맞는 씁쓸한 상황을 겪을 수 있습니다. 내가 누군가를 한 번 배려했으면, 꼭 필요하지 않더라도 다음번에는 그 사람에게 배려를 요구해보세요. 이에 그가 응하지 않으면, 그는 내가 백날 배려해줘도 고마워하지 않는 사람이라고 생각하며 멀리하면 됩니다.

또 상대의 부탁을 들어준 다음, 계속 짜증이 나고 후회가 된다면 다음부터는 부탁을 들어주지도, 배려해주지도 마세요. 상대는 "이번이 진짜 마지막"이라고 하며 계속해서 부탁을 해올지도 모르지만, 그래도 움직이면 안 됩니다. 그가 그 말을 할 때는 정말 마지막 부탁이라고 생각했을지 모르지만, 이런 사람들은 오직 그 순간뿐입니다. 다음에 또 힘든 사정이 생기면, 나를 난감하게 만들 것입니다.

가장 아름다운 인간관계는 서로를 진심으로 대하며 필요할 때 대가를 바라지 않고 배려를 주고받는 것입니다. 그런 좋은 배려가 많아질수록 내 삶은 훨씬 풍부해지고, 나는 더욱 힘차게 내 인생을 끌고 나갈 동력을 얻게 될 것입니다.

하지만 세상에는 안타깝게도 내게 독이 되는 배려 역시 존재합니다. 배려라는 귀한 단어에 부정적인 수식어를 쓰는 것이 저로서도 속상하지만, 이것은 엄연한 현실입니다.

좋은 배려를 많이 하는 것도 중요합니다. 그러나 그보다 더 중요한 것은 독이 되는 배려를 피하는 것입니다. 내 인생의 중심이 흔들리지 않도록 하는 데 잊어선 안 될 중요한 진실입니다.

우리는
왜 돈을 쓸까

돈 때문에 자유롭지 못하다는 이들이 많습니다. 그래서 조금만 더 돈을 벌면, 조금만 더 돈을 모으면, 돈으로부터 자유로워질 것이라고 생각하죠. '경제적 자유'라는 말이 나온 것도 이런 이유에서입니다. 자유로운 삶을 살기 위해, 자기 독립을 이루기 위해, 돈이 필요하다는 것입니다.

문제는, 돈이란 것이 벌어도 벌어도 끝이 없다는 데 있습니다. 왜 돈을 쓰는지 그 심리적 이유를 깨닫고 돈에 대한 생각을 바꾸지 않는 한, 아무리 돈을 많이 벌어도 돈으로부터 자유로워지지 못하고, 따라서 자기 독립도 요원해지는 것입니다.

사람들은 모두 의식주를 위해 돈을 쓴다고 생각합니다. 돈을 많이 쓰는 이도 필요한 소비만 한다고 생각하며 돈이 없다고 합니다. 돈이 없어 의식주를 해결하는 것만도 벅찬 이는 살아남기 위해 돈을 씁니다.

그런데 나머지 사람들은 왜 돈을 쓰는 걸까요? 여기에도 다양한 심리적 요인이 작용합니다.

소비의 즐거움을 위하여

똑같은 10만 원이 있을 때 어떤 사람은 돈을 모아서 10만 원짜리 좋은 물건을 하나 삽니다. 그런데, 어떤 사람은 일주일 간격으로 1만 원짜리 물건을 10개 사고는 쓸데없는 물건을 샀다고 후회합니다. 하지만 물건 사는 즐거움을 포기할 수 없습니다. 무언가를 사지 않으면, 허전하고 지루합니다. 그래서 어떤 이는 시간이 나면 1만 원 내외의 자질구레한 물건을 사며 스트레스를 풉니다.

본인은 그때그때 다 사는 이유가 있다고 말합니다. 어떤 때는 예뻐서 사고, 어떤 때는 가성비가 좋아서 사고, 어떤 때는 할인을 해서 사지만, 그 밑에 깔린 가장 중요한 이유는 냉정히 말해 소비의 즐거움 그 자체입니다. 물건을 산다는 것 자체가 일종의 쾌감을 주는 것입니다.

문제는, 가정에서, 직장에서, 사회에서 스트레스를 많이 받을수록 소비로 스트레스를 풀고자 하는 욕구 또한 강해진다는 점입니다. 소비를 줄이고자 한다면, 스트레스부터 줄여야 합니다.

한편, TV 보는 것이 살아가는 유일한 즐거움인 사람은 원룸에 살지언정 TV는 크고 비싼 것을 사려고 합니다. 스마트폰으로 동영상 보는 것이 살아가는 가장 큰 즐거움인 사람은 옷은 최저가로만 구입할지언정 스마트폰은 최신 폰을 사야 직성이 풀립니다. 맛있는 음식을 골라먹는 것이 인생에서 가장 큰 즐거움인 사람은 한 달치 월급을 모두 외식비로 사용합니다.

이들은 좋아하는 것에는 돈을 아끼지 않지만, 평소 다른 데는 돈을 잘 쓰지 않기 때문에 결과적으로 과소비를 한다고 보긴 어렵습니다. 이들을 보면 남에게 크게 영향받지 않고 자기 확신이 강합니다. TV를 살 때 누군가가 "방에 비해 너무 큰 것 아니야?" "네 형편에 좀 과한 것 같은데?"라고 핀잔을 줘도 전혀 영향을 받지 않습니다. 좋게 표현하면 독립적이고, 나쁘게 표현하면 자기 위주라고 볼 수 있죠. 이들의 특성은 자기가 좋아하고 몰입하는 대상이 안겨주는 '쾌감'과 관련이 있습니다. 즉, 이들은 감각적입니다. 그렇기 때문에 본인에게 쾌감을 제공하는 도구에 최고의 투자를 하는 것입니다.

감각의 노예가 되어 그것에 너무 끌려다닌다면, 문제가 될 것입니다. 하지만 적당한 쾌감을 충족시키며 그로써 삶을 끌어갈 추진력을 얻는다면, 그것도 꽤 나쁘지 않은 거래가 아닐까 합니다.

무시당하기 싫고 과시하고 싶어서

명품 가방을 사는 이들은 자신이 이런 고가의 제품을 구매하는 데 대해 나름대로 그럴듯한 이유를 대곤 합니다.

"명품이 오래가죠. 싼 물건 사면, 금방 망가져요."

과연 그럴까요? 100만 원짜리 명품 가방에 비하면 빨리 낡을지 몰라도, 10만 원짜리 가방도 2~3년 정도는 충분히 쓸 수 있습니다. 게다가 명품을 사는 사람일수록 유행에 민감해서, 새로운 제품이 나올 때마다 수시로 쇼핑을 합니다. 한물간 브랜드의 한물간 모델을 들고 다니면, 주위에서 나를 무시할까 봐 두렵기 때문입니다.

자동차도 마찬가지입니다. 자기 형편에 벅찬 할부금을 내면서까지 수입차를 모는 이들은 이런저런 핑계를 댑니다.

"확실히 외제차가 더 안전해요." "국산차는 디자인이 투박해서 좀…."

차를 구입하는 기준이 안전성이라면, SUV 등 큰 차를 몰고 다니는 편이 더 낫지 않을까요? 차를 통해 나만의 개성을 표현하고 싶은 이들은 튜닝을 할 수도 있을 것이고요. 오히려 남들이 다 외제차를 몰고 다니니까 나도 몰아야 한다는 생각이 드는 건 아닐까요? 묻지 않을 수 없습니다.

이렇듯 고가 제품을 사는 사람들의 심리를 깊숙이 들여다보면, 그 안에는 타인에게 무시당하지 않으려는 심리, 한 발 더 나아가 스스로를 과시하려는 심리가 숨어 있음을 알 수 있습니다. 이와 비슷한 감정이 '체면 때문에'입니다.

후배들과 식사를 하면, 무조건 밥값을 내려고 하는 사람이 있습니다. 가족들이 식사를 해도 꼭 돈 내는 형제는 정해져 있습니다. 본인 형편이 좋아서 이렇게 계속 돈을 낸다 해도 한 번쯤은 억울한 마음이 들 법한데, 형편도 좋지 않으면서 돈을 내는 사람은 대체 왜 그러는 걸까요?

물론 남에게 베푸는 것 자체를 좋아하는 사람도 있을 수 있습니다. 하지만 대부분은 남이 나를 어떻게 바라볼지 너무나 예민하게 신경 쓰면서, 남에게 무시당하기 싫어서 정말 체면 때문에 어쩔 수 없이 그러는 것입니다.

이런 식의 소비는 전적으로 남에게 끌려가는 소비입니다. 돈을 쓰는 것으로 내 존재를 증명하려 해선 안 됩니다. 지금 자신이 이런 소비에 빠져 있다는 생각이 든다면, 그 즉시 소비를 멈추세요. 내면을 채우는 게 우선입니다. 자기 자신을 스스로 자랑스러워하게 되면, 가장 싼 집에 살면서 차도 없이 걸어 다니고 몇만 원짜리 가방을 들고 다녀도 그 자체로 빛나는 사람이 될 수 있습니다. 다른 사람들도 이런 사람은 절대 무시하지 못합니다.

자존감을 유지하고 싶어서

인간은 무언가를 소유할수록 자존감이 올라가는 이상한 존재입니다.

통장에 잔고 하나 없고, 집도 없고, 차도 없고, 노트북도 없고, TV도 없고, 냉장고도 없고, 남들 다 가진 스마트폰도 없고⋯. 아무것도 없는데 자존감이 유지되는 사람은 극히 드뭅니다. 통장에 최소한 한두 달치 생활비 정도의 잔고가 있고, 원룸일지언정 누워서 쉴 공간이 있고, 그 원룸에 최소한 TV, 냉장고, 노트북은 갖춰놓고, 중고차일지언정 내 차가 있어야 그나마라도 자존감이 유지됩니다.

　여기에 더 좋은 것을 소유할수록 자존감이 올라갑니다. 비싼 보석을 착용하고 다니면, 그만큼 나도 가치 있는 사람이 되는 것 같습니다. 제대로 된 집에 살면, 나도 그만큼 제대로 된 인생을 살고 있는 것 같죠. 외모에 열등감 있는 이들은 성형 수술을 해서 내가 조금이라도 예뻐지면, 자존감이 올라갑니다. 문신을 하고 난 후, 내가 특별하다는 생각이 들면서 자존감이 올라가는 이들도 있습니다.

　무언가를 모으는 사람들도 여기에 포함됩니다. 특히, 물리적으로 다 읽을 수 없을 만큼 많은 책을 사서 쌓아놓는 이들이 종종 있는데요. 이들은 이렇게 이야기합니다.

"제가 책 욕심이 좀 많아서요."

　책 욕심은 좋은 욕심입니다. 그러나 책을 전혀 읽지 않으면서 무조건 사서 쌓아놓는 분들은 본인의 자존감을 한 번쯤 점검해볼 필요가 있습니다. 혹시 천장을 향해 계속 올라가는 책탑을 보면서, 마치 자신이 지식인이라도 된 것 같은 기분을 느끼며 가짜 자존감을 유지하고 있진 않나요? 찔리는 구석이 있다면, 책 구입을 중단하고 지금까지 산 책들 가운데 한 권을 골라 일단 읽기 시작하기 바랍니다. 책을 읽고 흡수한 지식과 지혜야말로 내 자존감을 채워주는 진짜 주인공이라는 점을 깨달으셨으면 합니다.

다른 사람을 위해서

대부분의 부모들은 자기 자신을 위해 쓰는 돈보다 자식을 위해 쓰는 돈이 더 많습니다. 어렸을 때는 아이에게 어떻게 해서든 더 좋은 것을 먹이고, 더 좋은 것을 입히기 위해 돈을 씁니다. 아이가 크고 나면, 자녀의 사교육비로 상당한 액수를 지출합니다. 그러고 나면, 부모는 쓸 돈이 없어집니다. 어떤 부모는 자녀 교육을 위해 빚을 얻어 이사를 하기까지 합니다.

자녀 역시 마찬가지입니다. 부모가 나이 들수록 자녀가 부담해야 하는 몫이 커집니다. 부모가 아프면, 병원비를 내야 합니다. 부모가 거동이 불편해지고 스스로 생활하는 것이 불가능해지면 직접 모시거나 요양원에 모셔야 하는데, 그에 따른 시간과 비용을 부담해야 합니다.

형제 사이도 마찬가지입니다. 일자리를 먼저 얻은 사람이 아직 공부하는 사람에게, 혹은 더 버는 사람이 덜 버는 사람에게 용돈을 주기도 하고, 학비를 대주기도 하고, 결혼 비용이나 생활비를 주기도 합니다. 연인이나 부부, 친구 사이에도 이와 같은 일은 흔히 발생합니다.

이렇게 가족이나 친구에게 돈을 쓰는 데서 한 걸음 더 나아가, 자신의 소득 대비 상당한 금액을 남을 위해 기부하는 사람도 있습니다. 길거리의 걸인이나 자선단체를 보면, 지나치지 못하고 지갑을 꺼내는 사람도 있죠. 죽음을 앞두고 평생 모은 거액의 돈을 어려운 이들에게 내놓는 사람도 있습니다.

인간은 자신이 나름대로 가치 있는 사람이라는 느낌이 있어야 살아갈 수 있습니다. 그렇기 때문에, 어떤 이는 아무리 내가 가난해도 나 역시 누군가에게 도움이 되고 있다는 느낌을 갖는 것이 중요합니다. 그렇지 않으면, 내가 있어도 그만, 없어도 그만인 존재가 되거든요. 내가 아무것도 아니라는 생각이 들어서 외롭고 힘들 때 기부를 하며, 나도 세상에 값진 일을 하는 존재라는 느낌을 확인하고자 하는 것입니다.

또한 우리는 선행을 통해서 스스로를 치유합니다. 내가 너무 힘들고 괴로울 때 우리는 누군가가 나를 도와주기를 바랍니다. 그런데 아무도 나를 도와주지 않습니다. 그럴 때 세상을 원망하고, 누군가를 원망하는 대신 다른 사람을 도와줍니다. 내가 받고 싶지만 받지 못하는 것을 다른 사람에게 행하면서 결국은 나를 위로하는 것입니다. 그래서 우리는 나 자신이 힘들고 괴로울 때 누군가를 돕게 되는 것이고 그럼으로써 내가 누군가를 도와줬듯이 언젠가 누군가 나를 도와줄 것이라는 희망을 이어갈 수 있는 것입니다.

이 밖에도 우리가 돈을 쓰는 데는 여러 가지 이유가 있을 수 있습니다. 중요한 것은, 스스로 돈 쓰는 것이 제어되지 않는다고 느낄 때입니다. 말 그대로, 돈의 노예가 되어 이리저리 끌려다니고 싶지 않다면, 내가 돈을 쓰는 심리적인 원인을 먼저 파악해야 합니다. 그래서 무작정 돈을 쓰는 것이 아니라 다른 방법으로 그 심리적 요구를 충족시켜야 합니다.

때로는 그 심리적 요구를 차단하기 위해 전면적으로 환경을 바꿔야 할 수도 있습니다. 나의 성향, 상황, 기질은 바꾸지 않으면서 돈 쓰는 것만 줄이고자 하는 시도는 백이면 백 실패하게 마련입니다.

멍 때리는 시간이 필요해요

'멍 때리기 대회'에 대해 들어보신 적 있나요? 지난 2014년에 처음 시작된 대회인데요. '멍 때리기'란 머릿속 생각을 잠시 멈춘 상태를 의미합니다. 대회 룰은 간단합니다. 아무것도 하지 않는 상태를 오래 유지하는 것이죠. 대회가 진행되는 동안 참가자들은 15분에 한 번씩 심박수를 체크하게 되는데요. 관객 투표 다득점자 중 가장 심박 그래프가 안정적인 사람이 우승을 차지하게 됩니다.

일종의 장난처럼 느껴질 만한 이 대회가 저는 바쁘게 살아가는 현대인에게 많은 것을 시사한다고 생각합니다. 멍 때리기는 점점 더 복잡해지는 사회 속에서 우리가 우리 삶을 군더더기 없이 정돈하는 데 더없이 좋은 방법이기 때문입니다.

자기 독립을 위한 여정 중에도 이렇게 삶을 정돈하는 작업은 수시로 필요합니다. 불필요한 잡념과 두려움을 떨쳐야만 더 강력한 추진력을 발휘할 수 있는 법이니까요.

모든 것을 내려놓고 쉬어야 할 때

뇌 세포는 근육 세포에 비해 훨씬 복잡합니다. 하지만 물과 전해질이 왔다 갔다 하면서 신체 신호를 전달한다는 점에 있어서는 차이점보다 유사점이 큽니다.

근육을 많이 사용하면 힘이 빠져서 쉬어야 합니다. 감기에 걸려 컨디션이 안 좋으면, 누워서 쉬어야 하고요. 지병이라도 있을라치면, 절대 무리해선 안 되고 중간 중간 쉬어야 합니다. 뇌도 마찬가지입니다.

그런데 근육은 땀을 뻘뻘 흘리는 것이 눈에 보이고 몸에 힘이 떨어지는 것이 분명히 느껴지기 때문에 쉬어야 한다는 판단이 바로 들지만, 뇌는 두꺼운 두개골 안에 있어서 실제로 내 뇌가 얼마나 힘든지 제대로 보이지도 않고, 느낄 수도 없습니다. 때문에 멍 때리는 시간이 필요한 것입니다. 피곤해도 피곤하다고 말하지 못하는 뇌를 좀 쉬게 해주자는 것이죠.

흥미로운 점은 멍 때리기가 굳이 의식적으로 시도했을 때만 할 수 있는 게 아니라는 점입니다. 가만히 생각해보세요. 종종 나도 모르게 넋을 놓고 있을 때가 있지 않나요? 멍 때리는 순간은 이렇듯 뇌가 피로할 때 저절로 찾아오곤 합니다. 이때를 놓쳐선 안 됩니다.

멍 때리는 순간이 찾아왔을 때, 서둘러 정신을 수습하려 할 것이 아니라 멍한 상태로 자신을 좀 더 놓아두세요. 이렇게 멍한 순간이 최근 비교적 자주 있었다면, 지금이 바로 모든 것을 내려놓고 쉬어야 할 때임을 알아차려야 합니다.

우리는 바쁘게 일하면서 푹 쉴 수 있는 휴일만을 기다린다고 말하지만, 정작 휴일이 찾아오면 '정말 잘 놀아야지'라는 강박관념에 시달리며 오히려 체력을 더 많이 쓰는 경향이 있습니다. 물론 즐겁게 놀며 휴식을 취하는 것도 에너지를 충전할 수 있는 좋은 방법이긴 합니다. 하지만 평일에 멍 때리는 횟수가 늘어나고 있다면, 주말에 모든 것을 멈추고 충분히 멍한 시간을 갖는 게 좋습니다. 이 말은 곧 TV, 스마트폰, 책, 그 밖에 우리에게 무언가를 주입할 수 있는 모든 자극의 도구들을 멀리한 채 온전히 쉬는 시간을 가질 필요가 있다는 뜻입니다.

나만의 명상법을 찾아라

멍 때리기는 사실, '명상'에 가깝습니다. 명상의 효능에 대해서는 이미 수많은 연구들을 통해 밝혀진 바 있죠. 명상은 머릿속의 수많은 잡념을 비움으로써 새로운 생각이 들어갈 자리를 마련해 줍니다. 때문에 주기적으로 명상을 하는 사람은 스트레스가 줄어들고, 집중력과 창의성이 높아진다는 연구 결과가 있습니다.

아무것도 하지 않으면 되는데, 사실 명상을 일상에서 그때그때 실천하기란 여간 어려운 일이 아닙니다. 그래서 명상과 비슷한 활동을 몇 가지 소개해드리려고 합니다. 이 활동들을 하다 보면, 저절로 멍 때리기와 비슷한 효과를 맛볼 수 있습니다.

첫 번째는 몇 년 전부터 선풍적인 인기를 끌었던 '컬러링'입니다. 네, 색칠하기입니다. 과거에는 비슷한 활동으로 뜨개질이나 자수가 있었는데요. 요즘 세대들은 바느질이 익숙지 않다 보니, 컬러링북이 큰 인기를 얻은 게 아닌가 싶습니다.

심리 치료 중에는 '만다라 미술 치료'라고 해서, 만다라 문양에 색을 채우는 치료법이 있습니다. 컬러링도 이와 크게 다르지 않습니다. 복잡한 문양을 세심하게 색칠하면서 평소 사용하지 않던 뇌 부위를 사용할 수 있습니다. 또한 한 가지에 집중하다 보니 다른 잡념들이 사라지면서 명상 효과도 보게 되죠. 무엇보다 다양한 색깔을 칠하면서 색채 치료 효과도 보게 됩니다. 한 장 한 장 그림을 완성할 때마다 무언가 해냈다는 성취감까지 얻을 수 있고요. 책 한 권을 모두 끝냈을 때는 마치 작품 하나를 완성한 것마냥 큰 만족감을 느끼게 됩니다.

다음으로 추천하고 싶은 활동은 '책상 정리'입니다. 스트레스로 몸과 마음이 모두 힘든 사람은 대체로 주변에 관심을 쏟기 어렵기 때문에, 집은 물론 회사 책상이나 서랍이 엉망진창으로 지저분할 확률이 큽니다. 이들은 자신의 어질러진 책상 앞에 앉을 때마다 마치 자신의 헝클어진 머릿속을 보는 것 같아 더 큰 스트레스를 받게 되죠. 이럴 때는 내 머릿속을 먼저 정리한 다음, 주변을 정리해야겠다는 생각을 버리세요. 그보다는 오히려 주변을 깨끗이 정리함으로써 머릿속까지 말끔해지는 쪽을 택하는 것이 훨씬 더 실행하기 수월합니다.

주변 정리 중 가장 효과도 좋고 빨리 할 수 있는 것이 책상 정리입니다. 쓸모없는 것을 버리다 보면, 내 마음도 정리가 되는 것 같습니다. 답답한 먼지를 털어버리고 나면, 내 마음에 덮인 근심거리들도 같이 사라지는 것처럼 느껴집니다. 그렇게 잠시 문제로부터 멀어지는 시간을 가질 수 있죠. 이때 좀 더 객관적으로 자기 상황을 점검해볼 수 있습니다. 마침내 정리를 마치고 나면, 깨끗한 책상을 보며 뿌듯한 마음이 들면서 생각도 긍정적으로 바뀔 수 있습니다.

다음으로 추천하고 싶은 활동은 '컴퓨터 파일 정리'입니다. 스트레스에 짓눌려 정신없이 일하다 보면, 그동안 여기저기서 다운받은 자료가 컴퓨터, 외장하드, 인터넷 클라우드에 수북하게 쌓이게 마련입니다. 아울러 몇 년 전에 한 번 쓰고 다시는 쓰지 않은 프로그램도 PC나 노트북에 잔뜩 깔려 있습니다.

이런 파일이나 프로그램 들을 하나씩 정리하다 보면, 혼란스러운 상황까지 정리가 되는 느낌입니다. 하나씩 파일과 프로그램을 체크하면서 '아, 이때는 이런 걸 했었지' '이 자료들을 가지고 그 보고서를 썼었지' 하며 자신의 지난날을 떠올려볼 수도 있습니다. 그 과정에서 안갯속에 놓인 듯한 현재의 내 상황이 명쾌하게 정돈되며, 앞으로 어떻게 해야 할지를 차분하게 생각해볼 기회가 생깁니다.

마지막 추천법은 '손 세차'입니다. 대부분 자동 세차를 하실 텐데요. 요즘에는 번거롭게도 손 세차를 하는 것이 큰 인기라고 합니다. 심지어 세차 동호인들끼리 주말 밤마다 모여 DJ 음악과 함께 세차를 하는 진풍경이 벌어질 정도입니다. 아마도 차를 가진 사람들에게는 세차가 새로운 명상법의 하나로 자리 잡은 게 아닌가 싶습니다.

여러분도 안 풀리는 일이 있을 때는 셀프 세차장에 가보세요. 일단 상당한 수압의 물을 차에 끼얹으면, 무언가 응어리진 감정이 확 터지는 것 같은 기분이 듭니다. 그리고 나서는 비누 거품이 나오는 빗자루 같은 것으로 골고루 세제를 바릅니다. 그리고 더 센 수압의 물로 비누 거품을 씻어내리고, 구석구석 차의 때를 벗겨냅니다. "쉭쉭" 소리가 나는 물살에 먼지가 쓸려나가는 것을 보면, 마음까지 개운해집니다. 마지막에는 초강력 진공 청소기로 차 안의 먼지를 없앱니다. 물 소리, 바람 소리가 고민을 날려버리는 것만 같습니다. 다 마친 후에는 적당한 노곤함이 밀려듭니다. 힘을 많이 썼으니까요. 그래도 깨끗해진 차를 보면, 기분만은 날아갈 것 같죠.

제가 소개한 것 외에도, 알게 모르게 많은 분들이 자기만의 명상법을 가지고 있습니다. 누군가에게는 그것이 연필 깎기, 누군가에게는 마라톤이 될 수도 있습니다. 무엇이든 자기에게 맞는 명상법을 만들어보세요. 그리고 마음껏 멍 때리는 시간을 갖는 것입니다.

앞을 향해 성큼성큼 나아가는 인생도 좋지만, 이런 브레이크가 없다면 인생은 종종 방향을 잃습니다. 내가 정말 원하는 것이 무엇인지 언제나 명확히 인식한 채 내 인생의 주인으로 살아가고 싶다면, 꼭 중간 중간 이런 사실을 환기할 수 있도록 머릿속을 정돈해주는 나만의 명상법을 만들어보세요.

휴식으로서의 여행에 관하여

내가 끌어가는 인생을 살다 보면, 수많은 선택과 판단 속에서 지칠 수도 있습니다. 이럴 때 우리에게 힘을 주는 것은 '행복'입니다. 언제나 행복할 수는 없겠죠. 하지만, 적어도 자주 행복한 감정을 느낄 수 있어야 자기 삶을 진정으로 사랑하게 되고, 더욱더 힘을 낼 수 있습니다.

그렇다면, 무엇이 우리에게 행복을 배달해줄까요? 서울대 심리학과 최인철 교수 연구팀은 우리 행동에도 칼로리를 부여할 수 있다면서, 삶에 만족감을 선사하는 행동과 그렇지 않은 행동을 기준으로 이른바 '행복 칼로리표'를 만든 바 있습니다. 연구 결과, 가장 행복 칼로리가 높은 행동으로 뽑힌 것은 다름 아닌 '여행'이었습니다.

여행이 우리에게 선사하는 것들

여행이 갖는 가장 큰 의의는 '현실과의 단절'입니다. 눈에서 멀어지면 마음에서도 멀어진다는 말이 있죠. 아무리 친한 사이라 하더라도 한동안 만나지 않으면, 자연스럽게 잊히게 마련입니다. 마찬가지로, 아무리 골치 아픈 일, 스트레스받는 일이 있다 하더라도 일단 그 상황을 피하고 나면 서서히 마음속에서 그 일이 지워지게 됩니다.

그런 점에서 여행은 우리 마음에 쉴 틈을 줍니다. 현재 내가 일하는 곳, 현재 내가 사는 곳에서 멀리 벗어날수록 그리고 벗어나 있는 여행의 기간이 길수록, 우리는 스트레스로부터 더 많이 치유될 것입니다. 최소한, 여행을 하는 동안에는 수많은 고민으로부터 벗어날 수 있습니다.

또한, 여행을 통해 우리는 새로운 나와 만날 수도 있습니다. 살다 보면, 가끔씩 우리가 세상에 의해 규정된다는 사실, 상황에 길

들여질 수밖에 없다는 씁쓸한 사실을 깨닫게 되는 순간이 옵니다. 그러다 낯선 곳에 가게 되면, 그동안 잊고 살던 나를 마주하게 됩니다. 동네에서는 누구나 나를 알아봅니다. 직장에서도 누구나 나를 알아봅니다. 그런데 여행을 가면, 낯선 곳에서 낯선 이를 만납니다.

그것이 불편할 수도 있지만, 나의 새로운 모습을 재발견하는 기회가 될 수도 있습니다. 늘 소심하고 조용하던 사람이 여행지에서는 현지인들과 자유롭게 춤을 추기도 하고, 몸이 약하고 움직이는 걸 싫어했던 사람이 외국의 험준한 산에 가서는 기를 쓰고 정상까지 올라가기도 하는 것이죠.

여기서 한 발 더 나아가, 혼자 하는 여행은 나에게 더 큰 의미가 될 수 있습니다. 인간은 사회적 동물이라 사람들과 함께 어울려 살 수밖에 없지만, 동시에 인간에게는 혼자 있고 싶은 욕망이 늘 존재합니다. 스마트폰이 발명된 후, 사람들이 서로 대면하는 일이 줄어들었다는 분석이 많은데요. 어쩌면, 스마트폰은 인간의 혼자 있고 싶어 하는 욕구를 직접적으로 발현하게 만든 방아쇠 역할을 했을지도 모른다는 생각이 듭니다. 그만큼 인간은 다른 인간들에게 지쳐 있을 수 있는 것입니다.

특히 사회생활을 하다 보면, 온전히 혼자 있을 수 있는 시간이 거의 없습니다. 혼자 있고 싶은 욕구가 있는 이들에게 혼자 떠나는 여행은 완벽한 익명성 속에서 온전히 혼자 있을 수 있는 기회를 줍니다. 이 기회를 잡은 이들은 잠시 차분하게 자기 인생을 돌아보고, 스스로를 성찰하고, 자기 자신만을 위한 시간을 흠뻑 누릴 수 있습니다.

반대로, 누군가에게는 여행이 소중한 사람과 함께 있을 수 있는 귀한 시간일 것입니다. 남편은 남편대로, 아내는 아내대로, 아이는 아이대로 바쁘게 살다 보니 가족끼리 서로 얼굴 볼 시간도 없습니다. 여행은 가족이 오랜만에 서로의 얼굴을 마주보며 느긋하게 이야기를 나누고, 함께 맛있는 음식을 먹는 시간을 제공합니다. 연인들은 또 어떤가요? 매일 헤어지기 힘든 이들이지만, 현실에서는 일주일에 한 번 만나기도 버겁습니다. 특히, 연인끼리 처음 가는 여행은 둘의 인연이 더욱 공고해지는 계기가 되기도 합니다. 나이 든 부모를 모시고 가는 효도 여행도 비슷한 의미를 띱니다.

어떤 이에게는 여행이 '자유'를 의미합니다. 지루함을 참는 걸 어려워하는 사람 입장에서 현실은 너무나 답답합니다. 이런 이들은 1년에 한 번쯤은 지금, 여기에서 벗어나는 자유를 자기 자신에게 주어야 합니다. 여행을 떠나 마음껏 돌아다니고, 먹고 싶을 때 먹고, 자고 싶을 때 자고, 일어나고 싶을 때 일어나는 자유를 만끽하는 것입니다.

아울러 일상에서 도저히 채울 수 없었던 새로운 것에 대한 호기심을 충족시킬 수도 있습니다. 새로운 곳에 가서 새로운 것을 보고, 꿈꾸고 흥분하는 것이죠. 자연을 사랑하는 이들은 이구아수 폭포나 우유니 사막, 히말라야 산맥 같은 생소한 자연이 있는 곳으로 떠나 마음의 평화를 느낄 것입니다. 영성에 몰두하는 이들은 유럽에 가서 대성당을 보거나, 인도에 가서 거대한 탑을 보거나, 캄보디아에 가서 앙코르와트를 보거나, 이집트에 가서 피라미드를 보며 신비로움에 사로잡힐 것입니다. 마니아 취미가 있는 이들은 만화책이 되었건, 피규어가 되었건, 음반이 되었건, 그림이 되었건 낯선 국가의 뒷골목 작은 가게들을 뒤지며 마구 돌아다닐 것입니다. 그렇게 원하던 수집품을 잔뜩 가지고 귀국한 다음 그것들을 진열장에 전시하며 자기만의 소박한 기쁨을 만끽할 것입니다.

좋아서 가는 여행

우리는 여행을 하는 동안 공통적으로 '휴식'을 취하게 됩니다. 실제로 몸과 마음을 완전히 내려놓고 휴양지에서 편안하게 보내는 여행도 그렇지만, 온종일 돌아다니며 보고 싶은 것을 보고, 하고 싶은 것을 하는 여행도 휴식이긴 마찬가지입니다.

또한 여행은 여행을 마친 이후 우리 마음과 생활에도 커다란 영향을 줍니다. '집 떠나면 고생'이라는 말도 있지만, 여행을 마치고 집에 돌아오면 아쉬움과 안도감이 교차하게 마련인데요. 아무리 고생한 여행이라도 시간이 지나고 나면 가장 소중했던 추억으로 두고두고 우리 기억에 남아 힘든 순간마다 나를 위로해주고 다시 일으켜주는 힘이 되곤 합니다.

그러나 여행이 정말로 나에게 큰 의미가 있으려면, 이 역시 남에게 끌려가는 것이 되어선 안 됩니다. 설령 효도 여행을 계획하고 있다 하더라도, 상대에게 모든 것을 맞추어 하기 싫은 것을 억지로 해선 안 됩니다. 억지로 하는 일은 어떻게든 티가 나게 되어 있습니다. 잘못하면 돈은 돈대로 쓰고, 좋은 추억을 쌓기는커녕 상대와의 사이만 나빠질 수 있는 이유입니다.

또, '남들 다 가니까 나도 가야 하지 않을까' 하는 생각으로 하는 여행도 피해야 합니다. 한때 대학생들 사이에 유럽 배낭여행이 유행처럼 번진 적이 있는데요. 이는 큰돈 들이지 않고 고생을 각오한 채 가야 하는 여행이기 때문에 사전에 많은 준비가 필요합니다. 그런데 분위기에 휩쓸려 이런 여행을 떠났다가 고생을 견디지 못하고 중간에 돌아오거나, 같이 간 친구들과 크게 다투고 여행을 제대로 즐기지도 못한 채 돌아오는 씁쓸한 경우도 적지 않았습니다.

 결국, 여행을 가는 것도 인생을 사는 것도 남 눈치 보지 않고 내가 좋아서 해야 하는 것이어야 합니다. 그렇지 않으면, 삶을 충전하기 위해 떠난 여행이 도리어 거대한 스트레스가 되어 씁쓸한 뒷맛만 남길 수 있음을 명심할 필요가 있습니다.

무소유가 안 된다면, 반소유

조선 시대 거상 임상옥을 다룬 최인호의 소설 《상도》를 읽다 보면 '계영배戒盈杯'라는 잔에 대한 이야기가 등장합니다. 계영배는 구멍이 뚫린 잔인데도 불구하고, 처음에는 물이나 술을 부으면 밑으로 전혀 새지 않습니다. 그러다 잔의 7할 이상이 채워지고 나면, 물이건 술이건 모두 밑으로 흘러내립니다. 계영배에는 '넘침을 경계하는 잔'이라는 속뜻이 담겨 있습니다. 성공만을 추구하며 앞만 보고 달리는 이들에게 '탐욕을 부리지 말라'는 메시지를 보여주는 상징물인 셈입니다.

성공도 안 되고, 무소유도 힘든 세상

우리나라는 1970년대부터 경제가 급속도로 성장하면서, 개인 삶의 가장 주된 목표가 '성공'이 되었습니다. 부자가 되거나, 명예를 차지하거나. 계속해서 위로 올라 가는 것만이 대부분의 사람들에게 삶의 목표로 자리 잡았죠. 고도 성장 시대에는 쓰러지지만 않으면 결국 목표를 달성할 수 있었습니다. 불경기로 낭패를 보더라도 다음 호경기 때 더 크게 사업을 벌여 만회할 수 있었고요. 사법고시나 행정고시에 매달리다가 실패하더라도, 대기업에 취직할 기회는 얼마든지 있었습니다.

그런데 이제는 성공하기 쉽지 않는 세상이 되어버렸습니다. "시련은 있어도 실패는 없다"는 말이 금언으로 받아들여지던 시대에서 "시련을 견디다가 더 크게 실패할 수 있다"는 자조 섞인 이야기를 할 수밖에 없는 시대로 접어든 것입니다.

비유하자면, 고도 성장 사회는 모든 차들이 쌩쌩 달리는 고속도로와 같습니다. 차가 고장 나서 멈추더라도, 수리한 다음 더 빨리 달려 앞선 차들을 추월하면 됐습니다. 물론 남보다 빨리 달리다 보면 위험한 일도 있고 사고도 있을 수 있지만, 탁월한 운전 실력과 위험을 감당할 만한 배짱이 두둑한 사람은 질주하는 삶이 가능했습니다.

이와 달리, 현재 우리가 살아가는 사회는 정체가 극심한 도로와 같습니다. 길이 꽉 막혀서 앞으로 나아갈 수 없는데, 내비게이션에서는 "시속 100킬로미터 이상 과속 단속 구간입니다"라는 멘트가 나오는 순간을 한 번쯤 경험해본 적 있을 겁니다. 속도를 내려야 낼 수 없는 상황에서 그런 멘트를 들으면, 짜증이 더 심해지죠. 이처럼 정체가 심한 도로에서는 나 혼자 빨리 달리고 싶어도 빨리 달릴 수가 없습니다. 이때 미친 척하고 속도를 냈다가는 차가 박살 나서 영영 달릴 수 없게 될 것입니다.

더 많이 가지고 더 높이 오르는 것이 불가능한 세상에서, 우리는 어떤 가치를 추구하며 살아야 할까요? 생각할수록 막막하기만 합니다.

한쪽에서는 그렇게 많이 갖는 것만이 답이 아니라며, '무소유無所有'를 주장하는 이들이 있습니다. 특히, 현자賢者들은 소유욕이야말로 모든 문제의 근원이라고 말합니다. 모든 것을 내려놓은 채 자유롭게 살아가는 무소유 상태는 상상만 해도 후련합니다. 하지만 대부분의 평범한 이들에게 무소유가 과연 실천할 수 있는 것일까요? 무소유의 삶이 꼭 완벽하고 행복할 것일까요?

무소유의 진리를 설파하는 이들 중에는 종교인이 많습니다. 종교인들에게는 현생에선 비록 가난하게 살더라도 죽음 이후의 생애는 다를 것이란 확신이 있습니다. 때문에 괴롭고 힘든 상황도 신의 뜻으로 받아들이며 위로를 얻습니다. 무소유로 인해 행복한 이들 역시, 소유가 아닌 다른 형태의 보상이 어떤 식으로든 주어지기에 행복할 수 있는 것입니다. 그러나 아무런 보상이 주어지지 않는 무소유는 기쁨이 되기 힘듭니다.

성공을 위해 미친 듯이 노력해도 성공할 수 없고 무소유로 살아보아도 기쁘지 않다면, 우리는 어떻게 살아야 할까요? 저 역시도 이것이 제 삶의 큰 고민거리 중 하나였습니다. 그 결과, 생각해낸 것이 '반소유半所有'였습니다.

반소유를 실천하기 위하여

반소유라는 것이 조금 말장난처럼 느껴질 수도 있을 겁니다. 이는 말 그대로 지금 가지고 있는 것을 절반만 소유하자는 단순한 의미는 아닙니다. 성공과 무소유 사이에서 균형을 잡아가며 살자는 것입니다.

구체적으로 설명하자면, 다음과 같습니다.

세상에 맞서지 말 것

남들과 반대로 행동해 큰 성공을 거둔 사람들의 이야기를 많이 듭습니다. '역발상 투자'라는 말이 한때 유행하기도 했고요. 하지만, 역사적으로 세상이 움직이는 것과 반대 방향으로 움직인 이들 대부분은 실패했습니다. 아무도 눈여겨보지 않을 때 무언가에 관심을 기울여 성공한 이들에 대해 선견지명이 있다고 하지만, 시대를 앞서간 이들 대다수는 실패했습니다. 망한 회사를 다시 살려내거나, 무너진 조직을 재건한 이들을 영웅이라고 칭하지만, 망한 회사에 집착하거나 무너진 조직에 남은 이들은 대체로 더 참담한 실패를 맞이했습니다. 슬프지만, 이것이 냉정한 현실입니다.

대세를 거스르고 운명을 거부해 성공하기 위해서는 능력이 탁월해야 합니다. 여기에 행운까지 따라주어야 합니다. 매스컴에서는 이렇게 능력도 탁월하고 행운까지 따랐던 이들에게 발생한 지극히 예외적인 일이 마치 누구에게나 일어날 수 있는 것처럼 떠들어댑니다. 그들의 이야기를 들을 때마다 나 자신이 너무나 초라하게 느껴집니다.

더는 그런 이야기에 휘둘리지 마세요. 위험에 맞서는 대신 달아나는 것은 비겁한 짓이 아닙니다. 현명한 것입니다. 살다 보면 일이 안 풀릴 때도 있고, 잘 풀릴 때도 있습니다. 일이 잘 풀릴 때 더 열심히 하고, 일이 안 풀릴 때는 몸을 사리는 것이 맞습니다. 세상에 맞서는 대신, 운명의 결에 맞춰 열심히 하루하루를 살아가는 것도 대단히 위대한 개인의 인생입니다.

모순을 견뎌낼 것

이러지도 저러지도 못할 때, 우리는 모든 것을 다 내려놓고만 싶어집니다. 포기하면 마음이 편해질 것 같습니다. 결정을 내리지 못하고 미적대는 나 자신이 비겁하게 느껴집니다.

그런데 뭐가 되었건 결정을 내리는 것이 과연 최선일까요? 이러지도 저러지도 못하는 나는 우유부단한 걸까요? 꼭 그런 것만은 아닙니다.

결단을 내려야 한다며 술자리에서 멋지게 충고하는 선배나 동료도 막상 자기 자신의 일에 대해서는 나보다 더 우유부단하게 행동할 가능성이 큽니다. 두려움 앞에서 내 자리를 지키는 것, 그 자체로도 얼마나 큰 용기인가요? 늪에 빠지면, 허우적댈수록 더 깊이 빠지고 맙니다. 그럴 때는 일단 지금 이대로 버티려고 해야 합니다. 때로는 진퇴양난의 덫에 빠진 것 같은 느낌에 절망하는 순간도 찾아올 것입니다. 하지만 물러나지 않고 버티다 보면, 불행도 제풀에 지쳐 나가떨어지게 마련입니다.

필요 이상 소유하지 말 것

어느 날 갑자기 내가 가진 것을 모두 버리고 무소유의 삶을 산다는 게 가능할까요? 물질적 불편함을 떠나 심리적 공허함 역시 상당할 것입니다. '심플 라이프 Simple Life'를 실천하겠다며 가지고 있는 물건 대부분을 버렸다가, 마치 다이어트 후에 요요 현상이 찾아오듯 1년 만에 다시 물건들을 고스란히 사들이는 이들이 주변에 얼마나 많은지 모릅니다.

우리가 실천할 수 있는 것은 앞으로 필요 이상 소유하지 않으려고 하는 노력입니다. 조금씩조금씩 버리면서 산다면, 더 바람직하겠죠. 그러기 위해서는 무언가를 하나 살 때 다른 하나를 버리는 습관을 갖는 것이 필요합니다. 그것이 힘들다면, 무언가 고장이 날 때까지는 새것을 사지 않으면 됩니다.

사람들이 집을 넓히는 이유 중 하나는 늘어나는 짐 때문입니다. 살다 보면, 짐이 자꾸 늘어납니다. 그래서 큰 집으로 이사를 해도 잠시뿐입니다. 또다시 늘어난 짐이 집을 채웁니다. 이걸 보면, 우리가 갖고 있는 물건들은 있어도 그만, 없어도 그만인 것들이 태반이라는 걸 알 수 있습니다.

반소유의 원칙은 물질에만 국한되지 않습니다. 사람도 너무 많이 만나면 피곤합니다. 흔히 인간관계가 좋다고 하면, 주변에 사람들이 많고 그들 모두와 자주 만나며 원만한 사이를 유지하는 것으로 생각하기 쉽습니다. 하지만 사람을 많이 만나다 보면, 언젠가는 나에게 피해 주는 사람과도 관계를 만들 수밖에 없습니다. 좋은 사람 100명을 만나서 얻는 기쁨보다 나쁜 사람 1명이 주는 괴로움이 더 크게 느껴지는 법입니다. 게다가 사람들에게 빼앗기는 시간도 만만치 않습니다.

그래서 몇 년에 한 번 정도는 전화번호를 바꾸는 것도 필요한 일입니다. 나에게 꼭 의미 있는 사람만 남겨두고, 전화번호도 지워버리세요. 의미 있는 사람들과의 만남도 너무 잦을 필요 없습니다.

무엇이든 억지로 하지 말 것

죽어라 공부한다고 해서 누구나 1등을 할 수 있다거나 A학점을 받을 수 있는 건 아닙니다. 반대로, 누구나 공부 안 하고 논다고 해서 꼭 꼴찌가 되거나, F학점만 받는 것도 아닙니다. 노력만 하면 안 될 것 없다는 말은 아무리 생각해도 이상적인 것 같습니다. 아무리 노력해도 안 되는 일이 지척에 깔린 세상이니까요.

슬프지만, 안 되는 것은 안 되는 것입니다. 안 되는 것을 되게 하려고 안간힘을 쓰기보다는 어느 정도 선에서 포기할 건 포기하고, 그 노력과 시간을 되는 일에 쏟아야 합니다. 물론 그렇게 얻은 시간을 앞서 이야기한 멍 때리기에 쓰거나 여행에 써도 좋습니다. 나를 바꾸기 위해 스스로를 지나치게 채찍질하고 몰아세우며 학대하지 마세요. 지금의 나를 받아들이세요. 그저 나쁜 건 줄이고, 좋은 건 늘리기 위해 노력하셨으면 합니다.

사람들은 힘들다고 하면 '내려놓으라'는 말을 많이 합니다. 삶의 무게가 버거울 때 그런 말을 듣게 되면, 모든 짐을 한순간에 내려놓고만 싶어집니다. 그런데 한번 내려놓으면 다시는 짊어질 수 없는 것이 삶의 무게입니다. 온몸으로 짊어지고 있을 때는 관성으로라도 버티지만, 일단 내려놓으면 다시 짊어질 엄두가 나지 않습니다.

힘들다고 무작정 모든 삶의 짐을 내려놓아선 안 됩니다. 다만 그 짐을 덜어내기 위해 노력해야 합니다. 이것이 바로 제가 권하는 '반소유'입니다.

우리는 인생을 충실히 살아가다가 언제, 어디쯤에서, 어떤 짐을 내려놓을지 스스로 결정할 수 있어야 합니다. 그렇게 조금 가벼워진 상태에서 다시 묵묵히 나의 길을 걷다 보면, 분명 다음 도약을 할 기회가 찾아옵니다. 자기 독립적인 인생은 그렇게 한 단계 한 단계 성장해나갈 것입니다.

당신은
이기적인 게 아니라
독립적인 겁니다

1판 1쇄 인쇄 2019년 1월 5일
1판 1쇄 발행 2019년 1월 10일

지은이 최명기

발행인 양원석
편집장 김효선
디자인 RHK 디자인팀 지현정, 김미선
해외저작권 황지현
제작 문태일
영업마케팅 최창규, 김용환, 정주호, 양정길, 이은혜, 조아라,
　　　　　신우섭, 유가형, 임도진, 김유정, 정문희

펴낸 곳 ㈜알에이치코리아
주소 서울시 금천구 가산디지털2로 53, 20층 (가산동, 한라시그마밸리)
편집문의 02-6443-8863　**구입문의** 02-6443-8838
홈페이지 http://rhk.co.kr
등록 2004년 1월 15일 제2-3726호

ⓒ 최명기, 2019, Printed in Seoul, Korea

ISBN 978-89-255-6517-0 (03180)

※ 이 책은 ㈜알에이치코리아가 저작권자와의 계약에 따라 발행한 것이므로
　본사의 서면 허락 없이는 어떠한 형태나 수단으로도 이 책의 내용을 이용하지 못합니다.
※ 잘못된 책은 구입하신 서점에서 바꾸어 드립니다.
※ 책값은 뒤표지에 있습니다.